Karoline Stiefel

Geistesblitze und Genialität –
Bilder aus dem Gehirn des Detektivs

Die Visualisierung von Imagination in den TV-Serien
SHERLOCK und HOUSE, M.D.

FILM- UND MEDIENWISSENSCHAFT

Herausgegeben von Irmbert Schenk und Hans Jürgen Wulff

ISSN 1866-3397

16 *Christine Piepiorka*
   LOST in Narration
   Narrativ komplexe Serienformate in einem transmedialen Umfeld
   ISBN 978-3-8382-0181-8

17 *Daniela Olek*
   LOST und die Zukunft des Fernsehens
   Die Veränderung des seriellen Erzählens im Zeitalter von *Media Convergence*
   ISBN 978-3-8382-0174-0

18 *Eleonóra Szemerey*
   Die Botschaft der grauen Wand
   Über die Vermittlung von Hoffnung und Hoffnungslosigkeit in Aki Kaurismäkis Verlierer-Filmen
   ISBN 978-3-8382-0222-8

20 *Jonas Wegerer*
   Der nahe Fremde: Der amerikanische Western in den Kinos der Bundesrepublik Deutschland (1948-1960)
   Eine rezeptionshistorische Analyse
   ISBN 978-3-8382-0307-2

21 *Peter Podrez*
   Der Sinn im Untergang
   Filmische Apokalypsen als Krisentexte im atomaren und ökologischen Diskurs
   ISBN 978-3-8382-0254-9

22 *Yvonne Augustin*
   Episodisches Erzählen im Film
   Alejandro González Iñárritus Filmtrilogie AMORES PERROS, 21 GRAMS und BABEL
   ISBN 978-3-8382-0335-5

23 *Julia Steimle*
   Fiktive Realität – reale Fiktion
   Realitätsebenen und ihre Integration im Hollywood-Backstage-Musical, untersucht anhand von THE BROADWAY MELODY, GOLD DIGGERS OF 1933, THE BAND WAGON, ALL THAT JAZZ und MOULIN ROUGE!
   ISBN 978-3-8382-0319-5

24 *Jana Heberlein*
   Die *Neue Berliner Schule*
   Zwischen Verflachung und Tiefe: Ein ästhetisches Spannungsfeld in den Filmen von Angela Schanelec
   ISBN 978-3-8382-0407-9

25 *Karoline Stiefel*
   Geistesblitze und Genialität – Bilder aus dem Gehirn des Detektivs
   Die Visualisierung von Imagination in den TV-Serien SHERLOCK und HOUSE, M.D.
   ISBN 978-3-8382-0522-9

Karoline Stiefel

GEISTESBLITZE UND GENIALITÄT – BILDER AUS DEM GEHIRN DES DETEKTIVS

Die Visualisierung von Imagination in den TV-Serien
SHERLOCK und HOUSE, M.D.

ibidem-Verlag
Stuttgart

Bibliografische Information der Deutschen Nationalbibliothek
Die Deutsche Nationalbibliothek verzeichnet diese Publikation in der
Deutschen Nationalbibliografie; detaillierte bibliografische Daten sind im
Internet über http://dnb.d-nb.de abrufbar.

Bibliographic information published by the Deutsche Nationalbibliothek
Die Deutsche Nationalbibliothek lists this publication in the Deutsche Nationalbibliografie;
detailed bibliographic data are available in the Internet at http://dnb.d-nb.de.

Coverabbildung: Karoline Stiefel unter Verwendung von Schädel-MRT; Dieter Schütz / pixelio.de.

∞
Gedruckt auf alterungsbeständigem, säurefreien Papier
Printed on acid-free paper

ISSN: 1866-3397

ISBN-13: 978-3-8382-0522-9

© *ibidem*-Verlag
Stuttgart 2013

Alle Rechte vorbehalten

Das Werk einschließlich aller seiner Teile ist urheberrechtlich geschützt. Jede Verwertung
außerhalb der engen Grenzen des Urheberrechtsgesetzes ist ohne Zustimmung des Verlages
unzulässig und strafbar. Dies gilt insbesondere für Vervielfältigungen,
Übersetzungen, Mikroverfilmungen und elektronische Speicherformen sowie die
Einspeicherung und Verarbeitung in elektronischen Systemen.

All rights reserved. No part of this publication may be reproduced, stored in or introduced into a retrieval
system, or transmitted, in any form, or by any means (electronical, mechanical, photocopying, recording or
otherwise) without the prior written permission of the publisher. Any person who does any unauthorized act
in relation to this publication may be liable to criminal prosecution and civil claims for damages.

Printed in Germany

Inhalt:

1. Einleitende Gedanken 7

2. Theoretischer Hintergrund 11

    2.1 Überlegungen zum Medienbegriff und zur Serialität der Serie 11

    2.2 Kopf-Kino: Denk-Bilder und die Imagination 17
        2.2.1 Bewusstseinsbilder, das Unbewusste und Subjektivität 17
        2.2.2 *Image* und Imagination: Die Einbildungskraft 21
        2.2.3 Technologische Bilder und die ‚Digitalisierung' von
              Körper und Gehirn 24

    2.3 Rancières ästhetisches Regime der Künste und die ‚Moderne' 29
        2.3.1 Die drei Regime der Künste 29
        2.3.2 *La partage du sensible*, Politik und Polizei 31
        2.3.3 ‚Moderne' und ‚Postmoderne' 32
        2.3.4 Der Film als ‚thwarted fable' 34
        2.3.5 Rancières ästhetisches Regime im Kontext von Deleuzes
              Filmphilosophie 36

    2.4 Das ästhetische Unbewusste 39
        2.4.1 Das ästhetische Unbewusste: Vom Detektiv zum Arzt – oder
              umgekehrt? 39
        2.4.2 Induktion, Deduktion, Abduktion – und Intuition 41
        2.4.3 Der Detektiv, der Arzt und die Selbstreflexivität des Films 43

3. Analyse 47

    3.1 House, M.D. 47
        3.1.1 Nur Anspielungen? House als Holmes – Arzt oder Detektiv? 47
        3.1.2 Der detektivische Blick auf den Körper: Die Ambulanzfälle 49
        3.1.3 Der detektivische Blick auf Körper und Körper-Bilder: Die
              Hauptpatienten 51
        3.1.4 Visualisierungen von Imagination: Mentale Bilder 59

    3.1.5 Was verborgen bleibt 68
    3.1.6 *House* mit Rancière und Deleuze 73

3.2 Sherlock **79**
    3.2.1 Der Detektiv des 21. Jahrhunderts: *Sherlock* 79
    3.2.2 Inszenierungen von Sherlocks Blick 80
    3.2.3 Der Blick nach Innen: Visualisierung von Imagination 88
    3.2.4 Gehirn und Computer: *Sherlock* und Technologie 95
    3.2.5 Oberfläche und Tiefe: Sherlocks Blick und was er sichtbar macht 105
    3.2.6 Das Undarstellbare der Imagination 111

4. Zusammenfassung **115**

5. Bibliographie **123**

„He's Sherlock. How will we ever know what goes on in that funny odd head."
MRS. HUDSON // SHERLOCK - A SCANDAL IN BELGRAVIA

1. Einleitende Gedanken

Imagination, Eingebung, Auffassungsgabe gehören als Bewusstseinsvorgänge zu den Dingen, die – wie das Bewusstsein selbst – generell nicht von anderen Menschen beobachtbar sind:

> We don't have any direct access to another's thoughts. Our ideas of the workings of another person's mind may be derived from what that person says or does (...), but our ideas of another's mind are still our ideas, a projection that we make of another mind's otherness to one's own (...), it is in fact (...) that difference which constitutes self-identity precisely *because* it prevents thought from being absolutely even with itself.[1]

Diese Tätigkeiten des Bewusstseins spielten in den Detektivgeschichten von Edgar Allen Poe und Sir Arthur Conan Doyle eine entscheidende Rolle, und es verwundert deshalb nicht, dass die Detektive Auguste Dupin und Sherlock Holmes jeweils einen Begleiter an ihre Seite bekamen, dem sie ihre Denkprozesse, ihre ‚Methode', verbal und retrospektiv erläutern konnten, damit diese Gedankenvorgänge auch für den Leser ‚sichtbar' beziehungsweise nachvollziehbar wurden.

Da nun in „populären Mainstream-Kinoproduktionen (...) – verstärkt seit den 90er Jahren – Modelle des Zugangs zum Bewusstsein vorgeführt, inszeniert und fiktional erprobt"[2] werden, ist es nicht weniger verwunderlich, dass auch in neueren Fernsehadaptionen des *Sherlock Holmes*-Stoffes versucht wird, dem Zuschauer *direkt* Einblick in das Bewusstsein des Detektivs zu gewähren und die detektivische Imagination mit verschiedenen Strategien der Visualisierung unmittelbar für den Zuschauer sichtbar zu machen. Der Begriff ‚Visualisierung' soll deshalb verwendet werden, da etwas sichtbar gemacht wird, was der direkten Beobachtung nicht zugänglich ist, und weder gesehen, noch beobachtet oder gar gefilmt werden kann – es muss also zwangsläufig visualisiert (also im wörtlichen Sinne ‚sichtbar gemacht') werden.

Diese Visualisierungsversuche werden nun in der vorliegenden Analyse in zwei Detektiv-Fernsehserien untersucht, die – die eine mehr, die andere weniger explizit – auf

---

[1] John T. Irwin, „Mysteries We Reread, Mysteries of Rereading: Poe, Borges, and the Analytical Detective Story," in: *Detecting Texts. The Metaphysical Detective Story from Poe to Postmodernism*. Hg. Patricia Merivale und Susan Elizabeth Sweeney (Philadelphia, Pennsylvania: University of Pennsylvania Press, 1999), S. 36. Hervorhebung im Original.

[2] Oliver Jahraus, „Bewusstsein: wie im Film! Zur Medialität von Film und Bewusstsein," in: *Wie im Film. Zur Analyse populärer Medienereignisse*. Hg. Bernd Scheffer und Oliver Jahraus (Bielefeld: Aisthesis, 2004), S. 77.

Doyles *Sherlock Holmes*-Romanen basieren: *House, M.D.*[3] und *Sherlock*[4]. Dies soll in zweierlei Hinsicht geschehen: Zum einen stellt sich die Frage, was genau der Detektiv durch seine außergewöhnlichen mentalen Fähigkeiten und seine besondere Wahrnehmung (an Spuren oder Hinweisen) überhaupt sichtbar macht, was anderen verborgen bleibt, und zum anderen, wie genau diese eigentlich unsichtbaren Bewusstseinsprozesse des Detektivs wiederum in der jeweiligen Serie visualisiert werden. Die mit diesen Fragen verbundene, zu überprüfende These wäre dann, ob durch diese Sichtbarmachung des Unsichtbaren mittels der Imagination des Detektivs exemplarisch verhandelt wird, was mit unterschiedlichen Arten von Bildern (medizinischen Bildern, Körper-Bildern, aber auch Fernseh-Bildern und Kamera-Bildern) gezeigt, gesagt, gedacht werden kann – aber auch, wo jeweils die Grenzen dieser Bilder liegen. So soll es auch darum gehen, inwieweit die Fernsehserie sich selbst beobachtet und reflektiert, und wie (und warum) andere Medien in der Serie zum Einsatz kommen und wie diese wiederum kommentiert und beobachtet werden. Dabei bietet gerade die Figur des Detektivs (der ja sowohl medial als auch a-medial an den Grenzen dessen operiert, was sichtbar und wahrnehmbar ist) und sein Verhältnis zu (Medien-) Technologien die Möglichkeit, Aussagen zu treffen über das Verhältnis dieser Technologien zu den Menschen, die sie benutzen – oder zumindest, wie diese Medien dieses Verhältnis in der Serie darstellen. Im Vordergrund der Analyse stehen also vor allem medienphilosophische Überlegungen unter Berücksichtigung gesellschaftstheoretischer und diskursanalytischer Aspekte, es geht somit auch um gesellschaftliche Diskurse *über* Medien:

> (...) an artwork may (...) self-consciously encapsulate the contradictions of an era by its own creative reflections upon the system of representation it employs. (...) we can ask both how individual films embody conventions of representation that make them characteristic for their time, and how they themselves think about – indeed, philosophize upon – these conventions.[5]

‚Medienphilosophisch' dabei im dem Sinne, wie der Begriff unter anderem von Lorenz Engell verwendet wird, nämlich als „Praxis"[6], die immer schon in den Medien selbst stattfindet: diese „bearbeiten sich selbst, sie denken sich von ihren Möglichkei-

---

[3] Fox Network. USA, 2004 - 2012. Der Kürze halber von nun an nur *House* genannt.
[4] BBC. UK, 2010 – ().
[5] Cynthia A. Freeland und Thomas E. Wartenberg, „Introduction," in: *Philosophy and Film*. Hg. Ebds. (New York & London: Routledge, 1995), S. 3.
[6] Lorenz Engell, „Tasten, Wählen, Denken. Genese und Funktion einer philosophischen Apparatur," in: *Medienphilosophie. Beiträge zur Klärung eines Begriffs*. Hg. Stefan Münker, Alexander Roesler, und Mike Sandbothe (Frankfurt am Main: Fischer, 2003), S. 53.

ten her"[7], jedes Medium eröffnet „einen je spezifischen Horizont der Möglichkeiten"[8]. Diese medienphilosophische Perspektive bietet sich außerdem insofern an, als dass es bei der Visualisierung der Imagination des Detektivs im Umkehrschluss auch immer darum geht, was letztendlich unsichtbar und undarstellbar bleibt: „Das Undarstellbare als Knotenpunkt von Film und Philosophie zu verstehen, heißt, den Punkt zu bestimmen, wo die filmische Praxis zur Sache des Denkens und die Bewegung des Denkens zur Sache des Bildes geworden ist"[9]. Als eine weitere, (meta-) theoretische Perspektive sollen die eigentlich a-disziplinären[10] philosophischen Ausführungen von Jacques Rancière zum Sichtbaren und Sagbaren, zur Aufteilung des Wahrnehmbaren (,partage du sensible') sowie zum ästhetischen Regime der Künste dienen. Rancières *The Aesthetic Unconscious*[11] ist dabei das verbindende Element für theoretische Überlegungen zur Detektiv- und Arztfigur als Spurenleser sowie zur Abbildbarkeit von (Un-) Bewusstsein und mentalen Prozessen im Film.

Genauer Gegenstand der Analyse sind dabei alle bisher erschienen Staffeln von *Sherlock* (zwei Staffeln à drei Folgen), bei denen nach einer mehrmaligen Sichtung eine Auswahl für die Visualisierung der Imagination des Detektivs besonders relevanter Sequenzen erfolgte, die demnach im Fokus der Analyse stehen. Bei *House* erfolgte eine Sichtung aller acht Staffeln, wobei sich die Analyse exemplarisch in erster Linie auf die erste Staffel bezieht, sowie auf besonders interessante Einzelfälle in anderen Staffeln, wie zum Beispiel die Episoden am Ende der fünften Staffel, in denen House als Folge seines Drogenkonsums sein eigenes Unbewusstes als Person halluziniert.

---

[7] Ebd., S. 56.
[8] Ebd., S. 54.
[9] Ralf Beuthan: *Das Undarstellbare: Film und Philosophie. Metaphysik und Moderne.* Würzburg: Königshausen & Neumann, 2006, S. 200.
[10] „I would describe my attitude as *a-disciplinarity* or *in-disciplinarity* rather than interdisciplinarity." Andrew McNamara und Toni Ross: „On Medium Specificity and Discipline Crossovers in Modern Art. Jacques Rancière Interviewed by Andrew McNamara and Toni Ross," *Australian and New Zealand Journal of Art* 8, Nr. 1 (2007): S. 99.
[11] Jacques Rancière: *The Aesthetic Unconscious.* Cambridge: Polity Press, 2009.

2. Theoretischer Hintergrund

2.1 Überlegungen zum Medienbegriff und zur Serialität der Serie

Vor der theoretischen und praktischen Beschäftigung mit ‚dem' Film und ‚dem' Fernsehen erscheinen einige kurze Überlegungen zu diesen Begriffen und zum Medienbegriff an sich angebracht, wobei der Anspruch, eine irgendwie geartete ‚Definition'[12] zu finden, was denn nun ein Medium endgültig sei, keinesfalls Teil dieser Analyse sein kann oder soll. Natürlich lassen sich ‚Film' und ‚Fernsehen' nicht einfach gleichsetzen, vor allem bezüglich der Rezeptions- und Produktionssituation, der Technologie der Herstellung und der Aufführung/Ausstrahlung. Für einen textzentrierten Ansatz, der hier überwiegend für die hier relevanten Untersuchungsgegenstände verfolgt werden soll, soll aber trotzdem die der Fernsehserie und dem Film gemeinsame „Minimaldefinition (...) als ‚bewegte Bilder'"[13] genügen, die Michaela Ott in Anlehnung an Jean Mitry anführt (man könnte für den Zweck dieser Studie noch den Ton und die Montage als verbindendes beziehungsweise trennendes Element zu den ‚bewegten Bildern' hinzufügen). Dieses ‚Filmische' im Sinne von bewegten Bildern kann man nach Hickethier auch generell als „Wahrnehmungsform von Welt"[14] verstehen, die „zunehmend in mehreren verwandten Dispositiven einsetzbar und (...) damit selbst zu einer kulturellen Form [wird], die nicht mehr an einzelne Präsentationskonstruktionen wie Kino, Fernsehapparat etc. gebunden ist,"[15] was unter anderem auf eine gegenseitige Befruchtung von Fernseh- und Filmformen sowie eine „Beweglichkeit in den Anordnungen"[16] einzelner Dispositive durch Digitalisierung und das Internet zurückzuführen ist.

Es soll also mehr um die Fernsehserie als filmische Form und weniger um ‚das Fernsehen' als institutioneller Apparat, als Programm oder als Dispositiv gehen. In diesem Fall ist allerdings noch interessant, was spezifisch für die Fernsehserie ist, was

---

[12] Ich möchte mich hierzu Jürgen Fohrmann anschließen, der davon ausgeht, dass „der Medienbegriff selbst wie eine ‚black box' behandelt werden kann bzw. erst über die Verknüpfung mit einem Rahmen, für den er eine Funktion übernimmt, seine jeweilige Bestimmung erhält." Jürgen Fohrmann, „Der Unterschied der Medien," in: *Die Kommunikation der Medien*. Hg. Jürgen Fohrmann und Erhard Schüttpelz (Tübingen: De Gruyter, 2004), S. 16.
[13] Michaela Ott, „Filmphilosophie: Vom ontologischen zum digitalen Virtuellen," in: *Philosophie des Films*. Hg. Birgit Leitner und Lorenz Engell (Weimar: Verlag der Bauhaus-Universität, 2007), S. 157.
[14] Knut Hickethier, „Dispositiv Kino und Dispositiv Fernsehen," in: *Film im Zeitalter Neuer Medien I. Fernsehen und Video*. Hg. Harro Segeberg (München: Wilhelm Fink, 2011), S. 42.
[15] Ebd.
[16] Ebd.

also letztere von einem ‚normalen' Film unterscheidet – denn gerade *Sherlock* bewegt sich durch seine Episodenlänge von 90 Minuten und nur drei Episoden pro Staffel ja durchaus an der Grenze zu einem (Fernseh-) Film mit Fortsetzungen oder zur ‚Cineserie'[17], und sowohl *House* als auch *Sherlock* lassen sich zum sogenannten ‚Quality-TV' zählen, das ohnehin eine „filmische Ästhetik"[18] aufweist. Hier ließe sich letztendlich als spezifisches Merkmal vor allem die Serialität der Serie identifizieren.

Die Serie zeichnet dabei vor allem das Strukturelement der Wiederholung aus, eine „Wiederholung des bloß Ähnlichen, nicht aber des Identischen"[19]. So gibt es eine meist gleichbleibende narrative Struktur oder auch Formel, dieselben Hauptfiguren, aber von Episode zu Episode wechselnde Nebenfiguren (und sowohl beim Arzt als auch beim Detektiv immer wieder neue Fälle, die es zu lösen gilt). Eco fasst diese Freude an der Wiederholung und der Wiedererkennung gerade für die Detektivserie sehr passend zusammen:

> Die Serie tröstet den Konsumenten auch deshalb, weil sie scheinbar seine prognostischen Fähigkeiten prämiert: er ist glücklich, weil er entdeckt, dass er voraussagen kann, was geschehen wird, und weil er den Eintritt des Erwarteten genießt. Wir sind zufrieden (...), aber wir schreiben dieses ‚Wiederfinden' nicht der Struktur des Textes, sondern unserem Scharfsinn zu. Wir denken nicht: „Der Autor hat mich den Fall erraten lassen", sondern: „Ich habe erraten, was der Autor mir zu verbergen suchte."[20]

Die Serie befindet sich allerdings in einem dauernden Widerstreit zwischen der Formel beziehungsweise dem „Vertrautheitsversprechen"[21] der Wiederholung und dem Zwang zur ständigen Variation derselben, es kommt zu einer „Dialektik zwischen Ordnung und Neuheit oder Schema und Innovation"[22] und damit auch zu einem andauernden Spiel mit der Erwartungshaltung des Zuschauers. Auch der sogenannte *cliff-hanger* am Ende einer Folge lässt sich in dieses Spiel einordnen, denn zum einen bindet er den Zuschauer natürlich an die Serie durch ein „Versprechen auf noch mehr

---

[17] Vgl. Christian Junklewitz und Tanja Weber, „Die Cineserie. Geschichte und Erfolg von Filmserien im postklassischen Kino," in: *Serielle Formen. Von den frühen Film-Serials zu aktuellen Quality-TV- und Online-Serien.* Hg. Robert Blanchet, et al. (Marburg: Schüren, 2011).
[18] Glen Creeber, „Online-Serien. Intime Begegnung der dritten Art," ebd., S. 379.
[19] Rolf Parr: „'Wiederholen'. Ein Strukturelement von Film, Fernsehen und neuen Medien," *KultuRRevolution*, Nr. 47 (2004): S. 36.
[20] Umberto Eco: *Über Spiegel*. München und Wien: Carl Hanser, 1988, S. 160.
[21] Parr, „'Wiederholen'," S. 36.
[22] Eco: *Über Spiegel*, S. 167.

Spannung in der nächsten Folge"[23], wie Hickethier es nennt, zum anderen muss aber eine Ähnlichkeit der nächsten Episode wieder garantiert sein, da die Serie ja auch ihr Vertrautheitsversprechen einlösen muss.

Auf einer weiteren, übergeordneten Ebene ist auch die Serie *Sherlock* als Ganzes bereits eine ‚Wiederholung' mit Variation (ebenso *House*, allerdings auf eine andere Art und Weise und weniger offensichtlich), nämlich eine Wiederholung, ein *re-make* der Romanvorlage von Arthur Conan Doyle, die ja ihrerseits ebenfalls ursprünglich eine literarische Serie in einem Magazin war. Die Serialität dieser Geschichten spielte zur Zeit ihrer Publikation bezeichnenderweise eine tragende Rolle:

> What was generically unique to the Holmes stories in their moment is their blend of interconnectedness and independence. While complete in itself, each story contains, like a genetic code in a cell, the formula for the complete series (...). This new genre enabled readers (...) to enjoy the memories and prospects of infinite variations on the present theme.[24]

Im Gegensatz zum *serial proper* mit seinen „interwoven plot lines and cliff-hanging endings,"[25] wie Wiltse nach Roger Hagedorn weiter ausführt, sei nämlich *Sherlock Holmes* der Beginn der *series* gewesen: also die alleinstehende, abgeschlossene, und immer neue Variation einer die Einzelepisoden verbindenden Formel (sowie gleichbleibenden Hauptfiguren und demselben Setting), die dem Leser einen jederzeitigen Einstieg in eine beliebige Folge der Serie ermöglichte, und in der Wiltse ein „early analogue to today's hit TV series"[26] erkennt: „(...) it was a watershed moment in the history of the narrative, one with crucial implications for twentieth-century fiction, film, radio, and especially television"[27]. Dass die strikte Unterscheidung zwischen *series* und *serial* allerdings inzwischen brüchig geworden ist und ‚reine' Episoden- und Fortsetzungsserien eher zwei idealtypischen Extrempositionen an den Enden eines Kontinuums gleichen[28], lässt sich auch an *Sherlock* und *House* beobachten, worauf allerdings später noch einmal genauer eingegangen werden soll.

---

[23] Knut Hickethier: *Die Fernsehserie und das Serielle des Fernsehens*. Kultur Medien Kommunikation. Lüneburger Beiträge zur Kulturwissenschaft 2, Lüneburg: Universität Lüneburg, 1991, S. 32.
[24] Ed Wiltse: „'So Constant an Expectation': Sherlock Holmes and Seriality," *Narrative* 6, Nr. 2 (1998): S. 108.
[25] Ebd.
[26] Ebd.
[27] Ebd., S. 106.
[28] „(...) die Landschaft der Fernsehfiktion [hat sich] seit den 1980er Jahren diversifiziert und eine Fülle hybrider Serienerzählungen zwischen Fortsetzungs- und Episodenserie ausgebildet." Ursula

Abschließen möchte ich diese Überlegungen zum Medienbegriff noch mit einer kurzen Ausführung zur Spezifik von Medien und Intermedialität in Anlehnung an Jens Schröter: er unterscheidet drei Arten von Intermedialität, nämlich die synthetische, transmediale und transformational-ontologische Intermedialität, wobei nur die letzten beiden im Kontext dieser Analyse von Bedeutung sind[29]. Als transmedial beschreibt er solche Phänomene, die in unterschiedlichen Medien gleichermaßen und damit unabhängig von diesen auftreten, wie Narration, Rhythmus oder auch Serialität. Eine transformational-ontologische Intermedialität liegt dagegen vor, wenn sich ein Medium auf ein anderes bezieht. Wie Schröter selbst schreibt, liegt die Schwierigkeit hier darin, festzustellen, wann wirklich eine intermediale Beziehung vorliegt. In Abgrenzung zu einem bloßen referentiellen Verweis (ein Gemälde im Hintergrund eines Filmbildes stellt ja noch lange keine nennenswerte intermediale Relation dar) muss diese intermediale Bezugnahme also explizit sein, man könnte auch sagen, sie muss die „spezifischen medialen Bedingungen und Möglichkeiten des anderen Mediums in Relation zu denen des eigenen setzen"[30], wie es Andreas Böhn formuliert, und das repräsentierte Medium muss auf irgendeine Art und Weise transformiert werden. Ontologisch nennt Schröter diese Art der Intermedialität deshalb, da diese

> (...) Transformationen immer ontologische Implikationen haben. Denn, um überhaupt eine Transformation (...) konstatieren zu können, muß ein Wissen, was das repräsentierte Medium (angeblich) und auch was das repräsentierende Medium (angeblich) sei, vorausgesetzt werden. Es müssen wesentliche Differenzen bestimmt werden, die es möglich machen, zu beschreiben, was dem repräsentierten Medium durch das repräsentierende Medium ‚(hin)zugefügt' wurde (...).[31]

Da die Medialität eines Mediums im Normalfall unsichtbar und im Verborgenen bleibt, könnte man solche transformational-intermedialen Bezüge oder ‚Wechsel' von einem Medium in ein anderes auch „als eine Art von Verfremdung – oder eben Stö-

---

Ganz-Blättler, „'Sometimes against all odds, against all logic, we touch.' Kumulatives Erzählen und Handlungsbögen als Mittel der Zuschauerbindung in *Lost* und *Grey's Anatomy*," in: *Serielle Formen. Von den frühen Film-Serials zu aktuellen Quality-TV- und Online-Serien.* Hg. Robert Blanchet, et al. (Marburg: Schüren, 2011), S. 75.
[29] Vgl. Jens Schröter: „Intermedialität. Facetten und Probleme eines aktuellen medienwissenschaftlichen Begriffs," *montage/av* 7, Nr. 2 (1998): S. 129 - 154.
[30] Andreas Böhn, „Intra- und intermediale Formzitate als Medienreflexion," in: *Formzitat und Intermedialität.* Hg. Andreas Böhn, *Mannheimer Studien zur Literatur- und Kulturwissenschaft* (St. Ingbert: Röhrig, 2003), S. 28.
[31] Schröter, „Intermedialität. Facetten und Probleme eines aktuellen medienwissenschaftlichen Begriffs," S. 144.

rung"[32] des repräsentierenden Mediums ansehen, durch die seine Medialität und damit seine spezifischen Limitationen partiell sichtbar werden, denn „im Rauschen, das ist aber in der Störung, bringen Medien sich selbst in Erinnerung, rücken sie ins Zentrum der Wahrnehmung"[33], so Sybille Krämer. Von einer medienphilosophischen Perspektive aus könnte man auch sagen, dass bei dieser Art der Intermedialität Medien andere Medien (selbstreflexiv) beobachten. Böhn hat dieses intermediale Reflexionspotential zum Beispiel für den Film analysiert und gezeigt, „wie der Film sich gegenüber anderen Medien positioniert, indem er jeweils bestimmte Züge des anderen Mediums zu seiner eigenen medialen Verfasstheit in Beziehung setzt"[34].

---

[32] Jens Schröter, „Das ur-intermediale Netzwerk und die (Neu-)Erfindung des Mediums im (digitalen) Modernismus. Ein Versuch," in: *Intermedialität Analog/Digital. Theorien - Methoden - Analysen*. Hg. Joachim Paech und Jens Schröter (München: Fink, 2008), S. 589.
[33] Sybille Krämer, „Erfüllen Medien eine Konstitutionsleistung? Thesen über die Rolle medientheoretischer Erwägungen beim Philosophieren," in: *Medienphilosophie. Beiträge zur Klärung eines Begriffs*. Hg. Stefan Münker, Alexander Roesler, und Mike Sandbothe (Frankfurt am Main: Fischer, 2003), S. 81.
[34] Böhn, „Intra- und intermediale Formzitate," S. 41.

2.2 Kopf-Kino: Denk-Bilder und die Imagination

2.2.1 Bewusstseinsbilder, das Unbewusste und Subjektivität

Nach der Darlegung der Arbeitsdefinition der grundlegenden Begriffe ‚Film' und ‚Fernsehen' soll nun untersucht werden, wie in diesen Medien versucht wird, Bewusstseinsprozesse wie die Imagination des Detektivs direkt zu visualisieren. Diese Inszenierungsversuche gehen inzwischen weit über das indirekte, retrospektive, verbale Beschreiben des ‚Lösungsweges' hinaus, wie es ja vor allem in Anlehnung an die *Sherlock Holmes*-Romane in früheren Verfilmungen oder Fernsehserien der Fall war. Da die Darstellung von Phänomenen wie Halluzination, Traum, Drogenrausch, psychischen Störungen oder auch Erinnerung und Gedächtnis – zumindest teilweise – bereits ausführlicher untersucht wurde[35], bietet es sich an, auf einige grundsätzliche Aspekte dieser Überlegungen näher einzugehen.

Jahraus definiert zunächst ‚Bewusstseinsfilme' (oder allgemeiner, Bewusstseinsbilder) folgendermaßen: „Sie bebildern oder verfilmen das/ein Bewusstsein: was sie zeigen, kann nur sinnhaft rezipiert werden, wenn man ein Bewusstsein als Zurechnungsinstanz annimmt"[36]. Weiterhin führt er die Annahme aus, dass Film und Bewusstsein generell in wechselseitiger Analogie zueinander stehen, was sich letzten Endes bis zu Hugo Münsterberg[37] zurückverfolgen lässt:

> Der Film kann nun selbst, insofern er (...) Bewusstsein wahrnehmbar macht, (...) als mediales und medientechnisch-audiovisuell realisiertes Modell des Bewusstseins konzipiert werden. (...) Wenn aber Film und Bewusstsein wechselseitig als Modelle einstehen können, dann sind Filme über das Bewusstsein per se immer auch transzendentale Reflexionen über die eigene Medialität.[38]

Jahraus betont vor allem die prozessuale Ähnlichkeit zwischen (der Medialität von) Film und Bewusstsein, sowie eine Wechselseitigkeit der phänomenalen Ebene mit der Ebene der Beschreibung dieser Phänomene. Da es für das Bewusstsein nämlich

---

[35] Siehe zum Beispiel Markus Feulner: *Psycho Movie. Zur Konstruktion psychischer Störung im Spielfilm*. Bielefeld: transcript, 2006. Matthias Brütsch: *Traumbühne Kino. Der Traum als filmtheoretische Metapher und narratives Motiv*. Marburg: Schüren, 2011. Karsten Visarius, Doron Kiesel, und Ernst Karpf: *Once upon a time... Film und Gedächtnis*. Marburg: Schüren, 1998.
[36] Jahraus, „Zur Medialität von Film und Bewusstsein," S. 78.
[37] Vgl. Hugo Münsterberg: *The Photoplay. A Psychological Study*. New York: Arno Press, 1970, S. 44 - 130.
[38] Jahraus, „Zur Medialität von Film und Bewusstsein," S. 96.

konstitutiv ist, dass es unbeobachtbar ist[39], trägt der Film damit zu einer Neuaufteilung des Sichtbaren beziehungsweise des Wahrnehmbaren bei, und entwirft damit gleichzeitig selbstreflexiv einen „transzendentalen Medienbegriff (...), der die medialen Bedingungen von Medialität darstellt"[40].

Für eine grobe Kategorisierung dieser Bewusstseinsbilder ist nun erst einmal zu unterscheiden zwischen Bildern aus dem Bewusstsein selbst sowie der simplen, ungestörten Alltagswahrnehmung einer innerdiegetischen (aber außerhalb der Figur befindlichen) ‚Realität' aus der Sicht oder *aus den Augen* (vom *Point of View*) einer Figur, also der subjektiven Kamera. Hier wird Jahraus in seiner Kategorisierung etwas unscharf, denn das Prinzip der subjektiven Kamera lässt sich nicht gleichsetzen mit dem Zeigen vom „Bewusstseinsinhalt einer Figur"[41] – schließlich findet ein Traum auch allein im Bewusstsein einer Figur statt, muss dabei aber keinesfalls mit einer subjektiven Kamera gefilmt sein.

Diese Bilder also, die nur noch eine Handlung im Inneren, im Kopf einer Figur zeigen, können nun durch einen (mehr oder weniger deutlichen) Übergang explizit als solche markiert sein, oder überhaupt keine Markierung aufweisen – bei beiden Möglichkeiten ergibt sich aber letztendlich das Problem, die innerdiegetische ‚Realität' von Bewusstseinsbildern unterscheiden zu können. Und schließlich gibt es auch solche Bewusstseinsprozesse, bei denen die ‚Realität' zwar noch wahrgenommen wird, die aber die Störung dieser Wahrnehmung explizit deutlich machen, wie Rausch, Halluzinationen oder psychische Störungen (diese Unterscheidung wird bei Jahraus nicht ganz klar, man könnte diese Prozesse in seiner Klassifizierung wohl unter das „penetrierte oder modifizierte Bewusstsein"[42] einordnen). Worauf Jahraus dagegen sehr deutlich hinweist, ist das Missverständnis des Films selbst, das direkte Eintauchen in das Bewusstsein einer Figur oft gleichzusetzen mit dem Unbewussten[43] derselben und auf Traumbilder zu reduzieren. Dies lässt sich wohl auf die Analogie zwi-

---

[39] „Nur weil es sich selbst in der Reflexion nicht vollständig erfassen kann, ist Reflexion als Bewusstseinsprozess möglich. Das Bewusstsein ist aus konstitutiven Gründen für es selbst unsichtbar." Ebd., S. 83.
[40] Ebd., S. 90.
[41] Ebd., S. 81.
[42] Ebd., S. 83.
[43] Jahraus verwendet ‚Unterbewusstes' und ‚Unbewusstes' als austauschbare Begriffe, der Klarheit halber soll hier allerdings der etwas missverständliche und eher im allgemeinen Sprachgebrauch verbreitete Terminus des ‚Unterbewussten' vermieden werden. Stattdessen sollen in Anlehnung an Freud ausschließlich die Begriffe bewusst – vorbewusst – unbewusst Verwendung finden. Vgl. Gregor Schwering, „Unbewusstes," in: *Gedächtnis und Erinnerung. Ein interdisziplinäres Lexikon.* Hg. Nicolas Pethes und Jens Ruchatz (Reinbek bei Hamburg: Rowohlt, 2001), S. 609.

schen Traum und Film generell zurückführen, da Traumbilder schließlich zu dem Teil des (Un-) Bewusstseins gehören, „das nicht mehr der Wahrnehmung, sondern ausschließlich der Produktion eigener Bilder und Welten dient"[44]. Diese Analogie ist dabei so alt „wie der Diskurs über Film überhaupt"[45], wie Matthias Brütsch in *Traumbühne Kino* anmerkt, allerdings erschöpfen sich Bewusstseinsbilder im Film inzwischen eben gerade nicht mehr allein in ‚Traumbildern'.

Für eine genauere Klassifikation und Analyse von Bewusstseinsbildern bieten sich einige grundlegende Begrifflichkeiten von Edward Branigan an, vor allem, da Bilder aus dem Bewusstsein einer Figur oft in engem Zusammenhang stehen (allerdings nicht gleichzusetzen sind) mit Subjektivität und *Point of View*. Subjektivität lässt sich mit Branigan ganz allgemein als eine bestimmte Art von Narration verstehen, „where the telling is attributed to a character in the narrative and received by us as if we were in the situation of a character"[46] – es besteht also eine (direkte oder indirekte) Verbindung zwischen zwei Elementen der Repräsentation[47], nämlich zwischen der Rahmung des Raumes und dessen Ursprung in einer Figur. Für eine Typisierung von Subjektivität[48] nimmt Branigan nun an, dass drei der Elemente variabel sind (Zeit, Rahmung, Bewusstsein), während Ursprung, Sicht und Gegenstand bei allen subjektiven Bildern gleichbleibende Faktoren sind, nämlich auf den Charakter bezogen (beziehungsweise im Fall des Gegenstandes irrelevant, da es nicht darum geht, *was* gesehen wird, sondern *wie*). Die Zeit als erste Variable kann nun im Allgemeinen entweder der Vergangenheit, Gegenwart oder Zukunft entsprechen oder undefiniert sein, wobei hier aus der Sicht einer Figur undefinierte Zeit als „purely mental time of the character"[49] interpretiert wird und dabei zusammenfällt mit zukünftiger Zeit, denn die Zukunft ist für einen Charakter immer eine mentale Vorstellung: „The future is what may be imagined"[50]. Die zweite Variable, die Rahmung, kann bei subjektiven Bildern zum einen direkt vom räumlichen Punkt der betreffenden Figur aus erfolgen: Die Kamera ist also am Platz der Figur (eine *Point of View*-Aufnahme). Oder sie findet von einem – nur scheinbar ‚neutralen' – Ort aus statt, der als auf einer metaphori-

---

[44] Jahraus, „Zur Medialität von Film und Bewusstsein," S. 89.
[45] Brütsch: *Traumbühne Kino*, S. 25.
[46] Edward Branigan: *Point of View in the Cinema: A Theory of Narration and Subjectivity in Classical Film*. Berlin, New York, Amsterdam: Mouton, 1984, S. 73.
[47] Branigan zählt insgesamt sechs Elemente der Repräsentation: Sicht, Gegenstand, Ursprung, Zeit, Rahmung, Bewusstsein.
[48] Vgl. Branigan: *Point of View in the Cinema*, S. 73 - 102.
[49] Ebd., S. 77.
[50] Ebd., S. 78.

schen Ebene zur Figur gehörend betrachtet werden kann, was Branigan den metaphorischen POV nennt (liegt keines von beiden vor, würde es sich um eine objektive Narration oder Referenznarration handeln). Bei der Variable ‚Bewusstsein' kann man schließlich zwischen ‚normaler' und abnormaler Wahrnehmung, beziehungsweise zwischen normaler Wahrnehmung und besonderen mentalen Zuständen (zum Beispiel Traum, Erinnerung, Vision, Angst) unterscheiden, wobei beides kulturell beeinflussten (Lese-) Konventionen unterliegt, das heißt, eine bestimmte Darstellungsweise wird vom Zuschauer *interpretiert* als Erinnerung, Traum – oder eben als ‚normale' Wahrnehmung.

Letzten Endes ergeben sich nach Branigan aus den möglichen Kombinationen dieser Variablen sechs Haupttypen der Subjektivität, nämlich POV (direkt vom Punkt der Figur aus) beziehungsweise dynamischer POV[51] (leicht abweichend vom Punkt der Figur aus), Perzeption (im Grunde eine POV-Aufnahme, aber mit ‚Störung', beziehungsweise einen ‚abnormalen' Bewusstseinszustand involvierend), die Darstellung rein mentaler Prozesse (Traumsequenzen), Flashback, Reflektion und Projektion[52]. Bei letzteren beiden werden Aspekte der Figur auf eine externe Position ‚ausgelagert', und sie werden damit zu einem Organisationsprinzip des diegetischen Raumes und der Zeit:

> The index of this displacement and relocation is a camera framing which is no longer strictly first person, as in a POV shot, but is metaphorically first person, that is, partly subjective and partly non-subjective. In Mitry's words, it is a ‚subjectivising of the objective' and its area is the very line between subject and object.[53]

Die Reflektion offenbart dabei „presence or normal awareness of the character – examples are mirror shots and eyeline matches,"[54] während die Projektion explizit Rückschlüsse auf einen spezifischen mentalen Status der Figur zulässt.

Abschließend könnte man zu Branigans Typisierung anmerken, dass Filmtexte immer auch Mischformen dieser Typen oder Widersprüchlichkeiten und Unsicherheiten produzieren, durch die eine strikte Klassifizierung erschwert beziehungsweise unmöglich wird – so können zum Beispiel auf visueller und auditiver Ebene gleichzeitig jeweils ganz unterschiedliche subjektive Zugänge dargestellt werden. Man könnte diese Typen auch eher als Idealformen eines eigentlich graduellen Übergangs sehen –

---

[51] Brütsch bezeichnet den dynamischen POV auch als halbsubjektiven POV. Vgl. Brütsch: *Traumbühne Kino*, S. 271.
[52] Vgl. Branigan: *Point of View in the Cinema*, S. 122 - 142.
[53] Ebd., S. 138.
[54] Ebd., S. 123.

so bemerken Bordwell und Thompson ganz generell zu Subjektivität: „(...) there is a continuum between objectivity and subjectivity"[55]. Unterschiedliche Subjektivierungstechniken erlauben letzten Endes unterschiedlich tiefe Einblick in das Innere einer Figur, was von ‚objektiven' zu halbsubjektiven bis hin zu rein mentalen Bildern reichen kann. Auch die Kombination verschiedener Elemente muss berücksichtigt werden, da zum Beispiel eine POV-Aufnahme „erst in Verbindung mit der Sicht *auf die Figur* Rückschlüsse auf ihr inneres Erleben zulässt"[56], wie Brütsch schreibt.

2.2.2 *Image* und Imagination: Die Einbildungskraft

Es stellt sich nun die Frage, wo sich die Imagination hier einordnen ließe, und wie sich dieser Begriff im Sinne der speziellen Vorstellungskraft des Detektivs genauer beschreiben oder eingrenzen lässt. Hans J. Wulff versteht unter Imaginationen nämlich erst einmal generell alle visuellen Wahrnehmungen, die imaginiert beziehungsweise vorgestellt sind, die also nicht der ‚empirischen' Wirklichkeitsform, sondern einer mentalen Wirklichkeit angehören[57]: Erinnerungen, Flashbacks, Träume, Halluzinationen oder Vorstellungen der Phantasie gleichermaßen sind in diesem weitesten Sinne ‚imaginiert'. Hierzu möchte ich jedoch anmerken, dass auch wenn das lateinische *imago* (Bild) im Wort Imagination steckt (ebenso wie im deutschen Wort *Einbild-ungskraft*), eine Berufung auf das rein visuelle, bildhafte Wesen dieser geistigen Prozesse ebenso mit Vorsicht zu genießen ist wie die Annahme vieler (literaturwissenschaftlicher) Narratologen, dass die Literatur dem Film „bei weitem überlegen sei, wenn es darum geht, die subjektive Sicht oder gar Innenwelt einer Figur darzustellen"[58], da das Denken oder Bewusstseinsprozesse allgemein eine rein verbale Aktivität wären. Denn wie Brütsch ganz treffend argumentiert, ist „die Darstellung psychisch-mentaler Bewusstseinsinhalte *immer*, in jedem Medium und in jeder Erzählform, eine Veräußerlichung von (...) etwas rein Innerem und Geistigem"[59], und der innerpsychische Charakter von Gedanken kann somit „in keinem Medium"[60] bewahrt werden. Das bedeutet wiederum, dass externalisierte Bewusstseinsprozesse eben weder auf etwas rein Visuelles noch auf etwas rein Verbales reduziert werden können.

---

[55] David Bordwell und Kristin Thompson: *Film Art: An Introduction*. 8. ed. New York: McGraw-Hill, 2008.
[56] Brütsch: *Traumbühne Kino*, S. 271. Hervorhebung im Original.
[57] Vgl. Hans J. Wulff, „Intentionalität, Modalität, Subjektivität: Der Filmtraum," in: *Träumungen. Traumerzählung in Film und Literatur*. Hg. Bernard Dieterle (St. Augustin: Gardez!, 1998), S. 57.
[58] Brütsch: *Traumbühne Kino*, S. 238.
[59] Ebd., S. 241. Hervorhebung im Original.
[60] Ebd.

Colin McGinn grenzt ebenfalls erst einmal die Imagination im Sinne von Vorstellungen (im weitesten Sinne „das, was *nicht* wirklich ist"[61]) von den Wahrnehmungen ab, er identifiziert aber schließlich verschiedene Arten der Einbildungskraft – was auch erklären helfen könnte, wieso es eigentlich zu einem ‚Wettstreit' zwischen Film und Literatur kommen konnte, welches der beiden Medien denn das ‚geeignetere' zur Darstellung mentaler Vorgänge wäre: McGinn unterscheidet nämlich die sinnliche und die kognitive Einbildungskraft. Zur sinnlichen Einbildungskraft zählt er den „sensorischen Inhalt des Bewusstseins"[62], zu dem auch dasjenige visuelle Erleben gehört, das man gemeinhin dem ‚geistigen' oder ‚inneren' Auge zuschreibt (diesem ‚sensorischen' Bewusstseinsinhalt lassen sich wohl auch die Analogien von Film und Traum oder Film und Bewusstsein zuordnen): Wir haben in dem Sinne solch ein inneres Auge, als dass wir mit dem visuellen Cortex ein Organ in unserem Gehirn besitzen, das visuelles Erleben ermöglicht[63]. Auch wenn wir Objekte mit unseren ‚äußeren' Augen wahrnehmen, ist es dieses Organ im Inneren unseren Gehirns, welches uns diese Objekte ‚sehen' lässt – die Augen liefern dem visuellen Cortex lediglich Nervenimpulse. Die kognitive Einbildungskraft ist dagegen „eine begriffliche Fähigkeit, die auf die sensorischen Inhalte bezogen sein mag, aber auf derartige Inhalte nicht reduzierbar ist"[64]. McGinn ordnet der kognitiven Vorstellungskraft („eine Art *Denken* im weitesten Sinn"[65]) ein ‚Vorstellen-dass' zu, in Abgrenzung zum ‚Vorstellen' der sinnlichen Vorstellungskraft. Er veranschaulicht das an Descartes' Beispiel eines Tausendecks, von dem man sich zwar vorstellen kann, dass im Nebenzimmer eines ist, man kann sich aber keine Vorstellung von einem Tausendeck an sich machen:

> Ist diese Unterscheidung erst einmal anerkannt, erhebt sich die Frage, wieso wir das Wort ‚Einbildungskraft' in einem so umfassenden Sinn verwenden: (...) doch ich glaube, es gibt darauf eine Antwort. Denn die beiden Arten der Einbildungskraft verwenden zwar unter-

---

[61] Colin McGinn: *Das geistige Auge. Von der Macht der Vorstellungskraft*. Darmstadt: Primus, 2007, S. 139. Hervorhebung im Original.
[62] Ebd., S. 145.
[63] Vgl. ebd., S. 53 - 58.
[64] Ebd., S. 145. Man könnte daher sagen, die ungenügende Unterscheidung dieser zwei Arten der Einbildungskraft war vermutlich einer der Gründe, wieso Literatur und Film zeitweise jeweils als überlegen bei der Darstellung mentaler Vorgänge galten – die Literatur bezog sich teilweise wohl eher auf die kognitive, der Film eher auf die sinnliche Einbildungskraft.
[65] Ebd.

schiedliche *Elemente*, erfordern aber dieselbe *Fähigkeit*. (...) Sie ist im Wesentlichen eine kreative kombinatorische Fähigkeit (...).[66]

Gerade diese Fähigkeit der Einbildungskraft ist eben auch bei den logischen Schlussfolgerungen des Detektivs von großer Bedeutung, sie ist damit nicht als Gegensatz zum logischen Denken zu sehen: „Logisches Urteilen ist also (...) nicht etwas, das von der Einbildungskraft getrennt wäre und irgendwie antithetisch zu ihre stünde (wie dies vielleicht eine gewisse Romantik nahelegen würde). Es bedient sich vielmehr unumwunden der Einbildungskraft."[67]

Auch die von McGinn beschriebenen Arten der Einbildungskraft lassen sich letztendlich nicht strikt voneinander abgrenzen, vielmehr handelt es sich um „einen fließenden Übergang zwischen dem sensorischen und dem begrifflichen Modus,"[68] und der Gebrauch von Begriffen wird oft verbunden mit sinnlichen Vorstellungen. Ähnlich fließend kann sich auch der Übergang von Vorstellungen und Wahrnehmungen an sich gestalten (zum Beispiel bei Halluzinationen), was McGinn ‚vorstellungsdurchsetztes Sehen'[69] nennt – aber auch Jahraus' ‚penetriertes oder modifiziertes Bewusstsein' oder Branigans ‚Perzeption' würden darunter fallen.

Eine ebenfalls sehr interessante, daran anknüpfende Perspektive bieten Hüppauf und Wulf, die die Imagination oder Einbildungskraft (in enger Verbindung mit Erinnerung und Wahrnehmung) als einen produktiven Prozess verstehen, der die „precondition for the perception of images"[70] generell ist:

> If we compare the mental image that appears to the inner eye and the perceived image that has a life independent of the viewer, the former is entirely accessible, while the latter is a product of a simultaneity of the visible and the contingencies of the invisible without, however, (...) the viewer being consciously aware of the difference. (...) The relationship between material and mental images can provide guidance for thinking anew the connection between image and imagination (...). We wish to argue that they need an active involvement of the viewer's imagination (...) in order to make visible what cannot be seen on the surface of the picture, yet is also encoded in it.[71]

---

[66] Ebd., S. 146.
[67] Ebd., S. 160.
[68] Ebd., S. 182.
[69] Vgl. ebd., S. 59 - 66.
[70] Bernd Hüppauf und Christoph Wulf, „Introduction: The Indispensability of the Imagination," in: *Dynamics and Performativity of Imagination. The Image between the Visible and the Invisible.* Hg. Bernd Hüppauf und Christoph Wulf (New York: Routledge, 2009), S. 13.
[71] Ebd.

Die Intuition wiederum lässt sich darin so einordnen, dass sie der Imagination den Weg weist, wenn es um etwas bisher Unbekanntes und Unvorhersehbares geht, das sich sozusagen außerhalb des Bereichs des Wahrnehmbaren befunden hat:

> So ist die Intuition (...) das negative Erspüren von Existenzbedingungen, die einen Erscheinungsraum unterstützen und entfalten. (...) Sie bringt einen Riss, eine Leere, eine Öffnung in der Textur der Wahrnehmung hervor. Die Imagination folgt der Spur, die die Intuition herausschält. Die Intuition macht das Einräumen des Unvorhersehbaren und die Wahrnehmung von heterogenen Qualitäten ebenso möglich wie die Existenz des bloß Erscheinenden. So können wir etwas sehen, das so gar nicht da ist, und es erschaffen, indem wir es sehen.[72]

Damit erscheint es mir angebracht, die Imagination im Falle des Detektivs nicht allgemein als Sammelbegriff für alle ‚imaginierten', mentalen Bilder zu begreifen, sondern zum einen als eine Vorstellungs- oder Einbildungskraft, die abwesende Dinge präsent machen, sie sozusagen simulieren, aber auch kreativ Neues schaffen kann, die sich aber – wie bereits ausgeführt – nicht zwangsläufig auf etwas rein ‚Visuelles' reduzieren lässt. Zum anderen kann sie aber auch als eine Sicht auf die Dinge aufgefasst werden, die als „Teil eines epistemischen Prozesses"[73] bestimmt darüber, was als sichtbar erscheint und was unsichtbar bleibt (oder aus dem Unsichtbaren heraus ins Sichtbare geholt wird) – eine Sicht nicht nur auf Bilder, sondern auf die Außenwelt an sich: „The imagination transforms the world that surrounds individuals into an inner world and projects the inner world into the outer world"[74].

2.2.3 Technologische Bilder und die ‚Digitalisierung' von Körper und Gehirn

Da der Versuch der Visualisierung von Gedankenprozessen nicht nur in fiktionalen Texten stattfindet, sondern mit der fortschreitenden Entwicklung der medizinischen Bildgebungsverfahren auch in der Wissenschaft, möchte ich noch auf ‚Denk-Bilder' im wörtlichen Sinne eingehen (also auf wissenschaftliche bilderzeugende Technologien, die Denkprozesse im Gehirn visualisieren) sowie auf epistemische, technologische Bilder generell, die – im Gegensatz zu ‚künstlerischen' Bildern – vor allem als „*Gebrauchsbilder* verwendet werden, die etwas über die Realität herausfinden sollen"[75].

---

[72] Ludger Schwarte, „Intuition und Imagination - Wie wir sehen, was nicht existiert," in: *Bild und Einbildungskraft*. Hg. Bernd Hüppauf und Christoph Wulf (München: Wilhelm Fink, 2006), S. 103.
[73] Ebd., S. 92.
[74] Hüppauf und Wulf, „Introduction," S. 16.
[75] Matthias Bauer und Christoph Ernst: *Diagrammatik. Einführung in ein kultur- und medienwissenschaftliches Forschungsfeld*. Bielefeld: transcript, 2010, S. 174.

Ganz allgemein ausgedrückt operieren bilderzeugende Medientechnologien an der Grenze zwischen dem Sichtbaren und dem Unsichtbaren. Bilder, die zum Beispiel durch den Einsatz von Röntgentechnologien, Mikroskopen oder Teleskopen entstanden sind, erlauben eine Wahrnehmung beziehungsweise ein Sehen von Dingen (und damit Erkenntnisse), die unserem beschränkten Augensinn sonst verborgen bleiben müssten[76], ganz im Sinne von Marshall McLuhans Auffassung von Medien als Extensionen des Körpers. Auch der Film selbst gehört hier dazu, der durch Zeitlupe, Großaufnahmen oder auch Zeitraffung Bilder möglich macht, „die sich der natürlichen Optik schlechtweg entziehen"[77] – dieses sichtbar gemachte Unsichtbare nannte Walter Benjamin dann auch in Anlehnung an Freud einst das ‚Optisch-Unbewusste'[78]. Wenn allerdings diese sonst unsichtbaren Welten ausschließlich über Bilder zugänglich sind, „then it becomes a matter of correctly interpreting the image"[79], wie Peter Weibel treffend schreibt – womit man genau bei der außerordentlichen Interpretationsleistung des Detektivs angekommen ist.

Es entstehen nämlich nicht nur neuartige Bilder, sondern auch bis dato unvorstellbare Formen der Wahrnehmung, es kommt zu einer Veränderung der „structure of visual perception"[80]. Durch die Röntgentechnik zum Beispiel (die ähnlich indexikalisch verfährt wie die Fotografie) fiel das Innen und das Außen, das Subjekt und Objekt zusammen, die von ihr produzierten Bilder waren gleichzeitig ein- und dreidimensional: „(...) with its simultaneous view of the inside and outside, [it] turned the perspective of the spectator-subject inside out"[81]. Röntgenbilder kreierten einen unmöglichen Raum, einen „*atopos*"[82], in dem sich Oberfläche und Tiefe in einer bis dato unvorstellbaren Weise vereinten. Durch die Sichtbarmachung von inneren Strukturen wie Knochen zeigten sie in noch stärkerem Maße als die Fotografie das Tote im Lebendigen auf. Hinzu kam, dass eine Überdosis an Röntgenstrahlung anfangs (als die Tech-

---

[76] Auch die (Serien-) Fotografie machte unsichtbare Dinge sichtbar, zum Beispiel durch Muybridges Bewegungsstudien. Vgl. Akira Mizuta Lippit, „Phenomenologies of the Surface: Radiation-Body-Image," in: *Collecting Visible Evidence*. Hg. Jane M. Gaines und Michael Renov (Minneapolis: University of Minnesota Press, 1999), S. 76f.
[77] Walter Benjamin, „Das Kunstwerk im Zeitalter seiner technischen Reproduzierbarkeit," in: *Kursbuch Medienkultur. Die maßgeblichen Theorien von Brecht bis Baudrillard*. Hg. Claus Pias, et al. (Stuttgart: DVA, 1999), S. 21.
[78] Vgl. ebd., S. 28.
[79] Peter Weibel, „Pleasure and the Panoptic Principle," in: *CTRL [Space]: Rhetorics of Surveillance from Bentham to Big Brother*. Hg. Thomas Levin, Ursula Frohne, und Peter Weibel (Cambridge: MIT Press, 2002), S. 209.
[80] Lippit, „Phenomenologies of the Surface," S. 76.
[81] Ebd., S. 67.
[82] Ebd., S. 80. Hervorhebung im Original.

nologie noch mehr Unterhaltung als Diagnosewerkzeug war, wie zum Beispiel die Popularität eines Röntgenbildes der Hand von Conrad Röntgens Ehefrau verdeutlicht, komplett mit Ehering[83]) durch Verbrennungen und ähnliche körperliche Schäden schließlich sogar die Körperoberfläche selbst zum Bild werden ließ, zu einer Art Leinwand: „(...) the body moved from a referent to a sign, from a figure to the primary site of inscription. X rays had turned the body itself into a photographic surface, reproducing its function directly on the human skin"[84].

Es folgten eine solche Vielzahl an bildgebenden Verfahren in der Medizin im Laufe des 20. Jahrhunderts, mit denen man in die Tiefe der Körper blicken und das Unsichtbare visualisieren konnte, dass in der Medizingeschichte bereits eine ‚Bildzeit' angebrochen war, als „von etwaigen *Pictorial* oder *Iconic Turns* noch gar nicht die Rede war"[85], wie Markus Buschhaus in seinen *Anmerkungen zum medizinischen Bildhaushalt* eindrücklich formuliert. Mit der Verbreitung des Computers und der damit einhergehenden Digitalisierung erweiterten und veränderten sich die Möglichkeiten der Erzeugung von Bildern (vor allem auch aus dem Gehirn) – weg vom ‚Abbild', hin zur Simulation, im Kino wie in der Medizin. Allerdings erzeugen Technologien wie CT/CAT (*Computed Tomography* oder *Computed Axial Tomography*, ein auf Röntgenstrahlen basierendes Verfahren, das aus Rohdaten Schnitt- beziehungsweise Schichtbilder erzeugt, die wiederum zu einem „Summationsbild"[86] zusammengesetzt werden), Sonographie (Ultraschall), MRI (*Magnetic Resonance Imaging* beziehungsweise Kernspintomograph) sowie die funktionelle Magnetresonanztomographie (fMRI, bei der zum Beispiel Durchblutungsveränderungen im Gehirn sichtbar gemacht werden), oder auch PET (*Positron Emission Tomography*, für die ein radioaktives, Positronen aussendendes Kontrastmittel injiziert wird) im Gegensatz zu Fotografie oder dem Röntgenbild keine Bilder mehr, die auf einer relativ simplen indexikalischen Relation beruhen. Vielmehr werden, vereinfacht gesagt, abstrakte Datensätze in einem oder auch in mehreren Schritten zu einem Bild ‚umgerechnet':

---

[83] „(...) X-ray technology (...) confounds the distinctions between the public and the private; specialized knowledge and popular fantasy; and scientific discourse, high art and popular culture." Lisa Cartwright: *Screening the Body. Tracing Medicine's Visual Culture*. Minneapolis: University of Minnesota Press, 1995, S. 107.
[84] Lippit, „Phenomenologies of the Surface," S. 70.
[85] Markus Buschhaus, „'Bilderflut' - 'Bilderrausch' - 'Bildermedizin': Anmerkungen zum medizinischen Bildhaushalt," in: *Bild und Gestalt: Wie formen Medienpraktiken das Wissen in Medizin und Humanwissenschaften?* Hg. Frank Stahnisch und Heijko Bauer (Hamburg: LIT Verlag, 2007), S. 57. Hervorhebungen im Original.
[86] Gottfried Boehm, „Zwischen Auge und Hand: Bilder als Instrumente der Erkenntnis," in: *Konstruktionen Sichtbarkeiten*. Hg. Jörg Huber und Martin Heller (Wien: Springer, 1999), S. 224.

„There is a shift from the *perceptual* to the *conceptual*; the image has become an illustration constructed from data, often representing an idea or speculation as much as or more than existing objects (...)"[87].

Es bedarf also umso mehr der ‚richtigen' Interpretation dieser Bilder, da sie unter anderem auf mathematischen Algorithmen beruhen und mit jedem Schritt der ‚Umrechnung' bis hin zur finalen Visualisierung der Daten fehleranfälliger werden. Diese Fehleranfälligkeit zeigt sich gerade in Bildern von mentalen Vorgängen aus dem Gehirn, wie ein absurd anmutendes, beinahe ikonoklastisches Experiment zweier Wissenschaftler der *University of California* zeigte[88]. Sie steckten einen im Supermarkt gekauften (toten) Lachs in einen Kernspintomografen (fMRI) und ‚zeigten' ihm verschiedene Fotos, worauf sie deutlich unterscheidbare, ‚emotionale' Reaktionen im Gehirn des ‚Probanden' auf unterschiedliche Motive messen konnten. Dies lässt sich mit falsch positiven Einzelergebnissen und anderen statistischen Effekten erklären, die zu sogenannten Voodoo-Korrelationen führen können, die zwar durch statistische Korrekturmethoden vermieden werden könnten, aber nicht immer Anwendung finden.

Interessanterweise scheinen nun gerade solche (wissenschaftlichen) Bilder oder Simulationen aus dem Computer einen ‚objektiven' Status innezuhaben „similar to (or greater than) photography, despite the often much more tenuous indexical linkage"[89]. Diesen Status beschreibt zum Beispiel Britta Schinzel sehr treffend:

> „(...) the role of visiotypes (Pörksen), such as tables, diagrams, curves and images, has become crucial for an immediate understanding of complex interconnections. Images allow for quick comprehension, but also allege objectivity, because the image ‚speaks for itself'.

Aus Datensätzen berechnete Bilder profitieren außerdem „in a parasitic way from the photographic dream (...) that is based on the assumption that photography does not lie"[90]. Nichtsdestotrotz sind gerade diese ‚wissenschaftlichen' Bilder mehrfach subjektiv beziehungsweise subjunktiv, wie es Wolf nennt:

---

[87] Mark J. P. Wolf, „Subjunctive Documentary: Computer Imaging and Simulation," in: *Collecting Visible Evidence*. Hg. Jane M. Gaines und Michael Renov (Minneapolis: University of Minnesota Press, 1999), S. 286. Hervorhebungen im Original.
[88] Vgl. „Vom Kopf her schlecht,", *GEO* 2009, S. 166.
[89] Wolf, „Subjunctive Documentary," S. 286.
[90] Britta Schinzel, „Recognisability and Visual Evidence in Medical Imaging versus Scientific Objectivity," in: *Dynamics and Performativity of Imagination. The Image between the Visible and the Invisible*. Hg. Bernd Hüppauf und Christoph Wulf (New York: Routledge, 2009), S. 347.

> The simulation's subjectivity is a multiple one (...). [Its] speculative nature blurs the line between fiction and nonfiction and complicates the question of how far an indexical link can be stretched and displaced and still be considered valid in a society, as facts get skewed, left out, misinterpreted or filled in by theory and speculation.[91]

Dass der ‚Wahrheitsgehalt' solcher technologisch erzeugten Bilder oft über- und der spekulative Anteil unterschätzt wird, hat dabei letztendlich damit zu tun, dass die Technologien selbst, wie bei anderen Medien auch, als Apparate im alltäglichen Gebrauch verschwinden, selbst unsichtbar werden und nur die erzeugten Bilder sichtbar sind: „Medien (...) werden, wenn sie gut funktionieren (...) unsichtbar. Wer weiß genau, wie die Geräte funktionieren? Solange sie ihren Dienst verrichten, möchte es eigentlich niemand wissen"[92].

---

[91] Wolf, „Subjunctive Documentary," S. 287.
[92] Thomas Weber: *Medialität als Grenzerfahrung. Futurische Medien im Kino der 80er und 90er Jahre*. Bielefeld: transcript, 2008, S. 84.

2.3 Rancières ästhetisches Regime der Künste und die ‚Moderne'

2.3.1 Die drei Regime der Künste

Um die Verteilung des Sichtbaren und Unsichtbaren geht es schließlich auch in den Werken Jacques Rancières, dazu sollen hier aber vorher kurz einige seiner grundlegenden Begrifflichkeiten und Konzepte dargelegt werden. Einer dieser Schlüsselbegriffe ist ohne Zweifel das ästhetische Regime der Künste, mit dem er die gängigen Konzepte der ‚Moderne' und der ‚Postmoderne' in Frage stellt. Rancière versteht unter einem Regime der Künste folgendes:

> Das Gebäude der Kunst gründen bedeutet, ein bestimmtes Identifizierungsregime von Kunst zu definieren, das heißt ein spezifisches Verhältnis zwischen Praktiken, Formen der Sichtbarkeit und Weisen der Verständlichkeit, die ihre Erzeugnisse als zur Kunst oder zu einer Kunst gehörig zu identifizieren erlauben. Dieselbe Statue derselben Göttin kann Kunst sein oder nicht, oder sie kann es unterschiedlich sein, je nach dem Identifizierungsregime, in dem sie erfasst wird.[93]

Kurz gesagt: Ein solches Regime bestimmt, welche Objekte oder Praktiken als ‚Kunst' sichtbar werden, und wie diese verstanden und bewertet werden, denn „damit es Kunst gibt, bedarf es eines Blickes und eines Denkens, die sie identifizieren"[94]. Rancière beschreibt insgesamt drei Regime der Identifikation, die sich allerdings ihm zufolge nicht streng getrennt nacheinander ablösen (also keine historischen Perioden darstellen), sondern jeweils parallel zueinander weiter existieren, und die sich nicht nur innerhalb einer Gesellschaft, sondern auch innerhalb eines Kunstwerkes in Koexistenz oder in einem Widerstreit zueinander befinden können.

Das erste ist das ethische Regime der Bilder[95], welches kein Regime der ‚Künste', sondern ein Regime der (Ab-) Bildung ist und auf Platos Definition von Kunst zurückgeht: Hier stehen zwei Fragen im Vordergrund, nämlich die nach dem Ursprung des Bildes, ob es eine Kopie des ‚Wahren' ist (im Gegensatz zum Trugbild der Künste, dem Schein oder Simulacrum), und die Frage nach dem Nutzen der Abbildung, ob sie der Erziehung und Bildung beziehungsweise dem *ethos* der Gemeinschaft dienlich ist.

Das zweite Regime nennt Rancière das repräsentative oder das poetische Regime der Künste, das dem aristotelischen Kunstverständnis entspringt und in dem sich die Gesetze der *mimesis* definieren durch „ein geordnetes Verhältnis zwischen einer Art des

---

[93] Jacques Rancière: *Das Unbehagen in der Ästhetik*. Wien: Passagen Verlag, 2007, S. 39.
[94] Ebd., S. 16.
[95] Vgl. Oliver Davis: *Jacques Rancière*. Cambridge: Polity Press, 2010, S. 134 - 138.

Machens – einer *Poeisis* – und einer Art des Seins – einer *Aisthesis* –, die von ihr beeinflusst ist"[96]. Die ‚schönen Künste' führen hier „spezifische Dinge" aus, „nämlich Imitationen, das heißt Gliederungen von dargestellten Handlungen"[97]. *Mimesis* ist dabei nicht als einfache Ähnlichkeitsrelation zu einem Original zu verstehen, wie es noch im ethischen Regime der Fall war (auch von der Frage nach dem Nutzen für die Gemeinschaft hat sich dieses Regime freigemacht), sondern als eine Reihe von spezifischen Normen, die regeln, was im Gegensatz zu Gegenständen des Alltags als ein Kunstwerk gelten kann, und ob ein Kunstwerk innerhalb der Kodifizierungen dieses Regimes als ‚gut' oder ‚schlecht' gilt: „*Mimesis* (...) is a way of making resemblances function within a set of relations between ways of making, modes of speech, forms of visibility, and protocols of intelligibility"[98]. Dieses poetische Regime (poetisch im Sinne von der Poetik als einer Theorie der „repräsentativen Verfassung von Kunst"[99]) ist streng hierarchisch organisiert, es gibt in der – nun von der Gesellschaft autonomen – Sphäre der Künste die jeweils ‚richtigen', angemessenen Ausdrucksweisen sowie bestimmte Genres passend zum repräsentierten Subjekt beziehungsweise dessen sozialer Position.

Die ‚ästhetische Revolution' markiert schließlich am Anfang des 19. Jahrhunderts den Aufstieg des dritten Regimes: „I call this regime *aesthetic* because the identification of art no longer occurs via a division within ways of doing and making, but it is based on distinguishing a sensible mode of being specific to artistic products"[100]. Entscheidend ist also nun weniger die Herstellungsweise eines Werkes als eine spezifische Seinsweise der Kunst an sich. ‚Ästhetik' ist für Rancière also keine Disziplin oder ein „Name für die Wissenschaft oder Philosophie der Kunst oder des Schönen (...) sondern ein bestimmter Begriff einer Denkordnung über die Künste, [der] sich gegen einen anderen Begriff durchgesetzt hat, (...) der Poetik"[101]. Dieses ästhetische Regime ist hauptsächlich dadurch gekennzeichnet, dass es die strengen Hierarchien des repräsentativen Regimes vollends aufbricht, und nun prinzipiell alles Gegenstand von Kunst werden kann – ‚Kunst' im Singular, nicht mehr die ‚schönen' oder ‚bil-

---

[96] Rancière: *Das Unbehagen in der Ästhetik*, S. 17.
[97] Ebd., S.79.
[98] Jacques Rancière: *The Future of the Image*. London: Verso, 2009, S. 73.
[99] Jacques Rancière, „Die Geschichtlichkeit des Films," in: *Das Streit-Bild. Film, Geschichte und Politik bei Jacques Rancière*. Hg. Drehli Robnik, Thomas Hübel, und Siegfried Mattl (Wien: Turia + Kant, 2010), S. 224.
[100] Jacques Rancière: *The Politics of Aesthetics. The Distribution of the Sensible*. London: Continuum, 2004, S. 22.
[101] Rancière, „Die Geschichtlichkeit des Films," S. 224.

denden' Künste des vorherigen Regimes. Das ästhetische Regime zerstört die „mimetic barrier"[102] zwischen künstlerischen und nicht-künstlerischen Tätigkeiten, und etabliert zwar die absolute Autonomie und Singularität der Kunst, allerdings zu dem Preis, dass es keine Normen, spezifischen Merkmale oder Bewertungskriterien mehr gibt, um künstlerische Tätigkeiten und Kunstwerke überhaupt noch von anderen Tätigkeiten und Dingen des Alltags unterscheiden zu können (Duchamps Urinal wäre hier das klassische Beispiel)[103]. Es sind vor allem solche paradoxen Konfigurationen, eine „identity of opposites"[104], die typisch sind für das ästhetische Regime: Eine Einheit der Gegensätze und eine dauernde Spannung zwischen ihnen, von Wissen und Nicht-Wissen, Kunst und Nicht-Kunst, Innen und Außen, Gedanke und Nicht-Gedanke, Aktivität und Passivität.

2.3.2 La partage du sensible, Politik und Polizei

Eng damit zusammen hängt ein weiterer Schlüsselbegriff in Rancières Schriften: ‚la partage du sensible'. Rancière beschreibt damit ein „system of a priori forms determining what presents itself to sense experience"[105], eine „matrix that defines a set of relations between (...) a form of sensory experience and an interpretation which makes sense of it"[106]. In anderen Worten ist diese Aufteilung der sinnlich erfahrbaren Welt eine Delimitation von dem, was (zum Beispiel als Kunst) sichtbar werden kann, was wahrnehmbar, verstehbar, hörbar oder überhaupt denkbar ist gegenüber dem, das dies nicht ist, gegenüber dem Unsichtbaren, oder gegenüber dem, was unverständliches Hintergrundrauschen bleibt.

Die Regimes der Künste stellen also drei unterschiedliche Aufteilungen des Sinnlichen dar, wobei noch angemerkt werden soll, dass die Übersetzungen des französischen Begriffs *partage du sensible* alles andere als einheitlich sind und mal mehr,

---

[102] Rancière: *The Politics of Aesthetics*, S. 23.
[103] Hans Ulrich Reck beschreibt diese Entwicklung hin zu einer Universalisierung des Kunstbegriffs in einem Artikel über das Paragone-Denken in der Kunst sehr treffend: „Wo die einzelnen Künste nichts, die Aura von Kunst schlechthin alles zählt, dort geht es nicht um Zeichenprozesse künstlerischen Produzierens, sondern um einen ästhetischen Gestus." Hans Ulrich Reck, „Der Streit der Kunstgattungen im Kontext der Entwicklung neuer Medientechnologien," in: *Interface 1*. Hg. Klaus Peter Dencker (Hamburg: Hans-Bredow-Institut, 1992), S. 125.
[104] Rancière: *The Future of the Image*, S. 119.
[105] Rancière: *The Politics of Aesthetics*, S. 13.
[106] Jacques Rancière, „Afterword / The Method of Equality: An Answer to Some Questions," in: *Jacques Ranciére. History, Politics, Aesthetics*. Hg. Gabriel Rockhill und Philip Watts (Durham und London: Duke University Press, 2009), S. 275.

mal weniger zufriedenstellend ausfallen[107]. Im Englischen meist übereinstimmend mit der Wendung ‚distribution of the sensible' übersetzt, reichen die Übersetzungen im Deutschen von der „Aufteilung des Sinnlichen"[108] bis zur „Anschauung"[109], wobei der Einfachheit halber (und wegen der im Deutschen oft irreführenden Konnotation von ‚sinnlich') hier der Begriff ‚Aufteilung des Wahrnehmbaren' verwenden werden soll. Dabei ist dieses ‚Wahrnehmbare' allerdings insofern „vom rein Sensoriellen"[110] zu unterscheiden, als dass es stets mit ‚Sinn' im Sinne von ‚Bedeutung' verknüpft ist, wie „Lärm, der zur Sprache wird"[111].

Rancière versteht schließlich unter der ‚Politik' der Ästhetik[112] eine Redistribution oder Neuaufteilung des Wahrnehmbaren „by undoing the relations between the visible, the sayable, and the thinkable"[113]. Als Polizei oder ‚police order' bezeichnet Rancière weiterhin die Gesetze, Regeln und Normen, welche die Grenzen zwischen dem Wahrnehmbaren und dem Unsichtbaren aufrecht erhalten.

2.3.3 ‚Moderne' und ‚Postmoderne'

Für Rancière ist nun die ‚Moderne' „a questionable notion that tries to make clear-cut distinctions in the complex configuration of the aesthetic regime of arts"[114] – für ihn sind Moderne sowie der umstrittene Begriff der Postmoderne Entwicklungen innerhalb des ästhetischen Regimes. Während ‚Moderne' in der Malerei zum Beispiel unter anderem eine Entwicklung von figurativen hin zu nicht-figurativen Darstellungen bezeichnet, so geht dieser ‚Zäsur' für Rancière die ästhetische Revolution voraus, die zuerst einmal mit den strengen Regeln, den Genres und Hierarchien des repräsentativen Regimes gebrochen hat, so dass prinzipiell alles Gegenstand einer künstlerischen

---

[107] *Partage* im Französischen impliziert nämlich nicht nur eine einfache Aufteilung, sondern eigentlich auch das Zuteilen eines fairen, gerechten Anteils, doch ist diese Nuance eher für Rancières politische Philosophie von Bedeutung.
[108] Rancière: *Das Unbehagen in der Ästhetik*, S. 36.
[109] Rancière, „Die Geschichtlichkeit des Films," S. 231.
[110] Michael Wedel, „Film als Rhythmus der Gemeinschaft. Zu einer Denkfigur bei Rancière," ebd., S. 152.
[111] Ebd.
[112] Hier zeigt sich die gelegentliche Trennunschärfe von Rancières Begrifflichkeiten: ‚Ästhetik' benutzt er in einer engeren Definition als Name für ein Regime des Kunst, in dieser weiten Definition aber setzt er es gleich mit der Verteilung des Wahrnehmbaren (vgl. Rancière: *The Politics of Aesthetics*, S. 63ff und S. 82.) In *The Aesthetic Unconscious* bezeichnet er schließlich Ästhetik als „a mode of thought that develops with respect to things of art". Siehe Rancière: *The Aesthetic Unconscious*, S. 4.
[113] Rancière: *The Politics of Aesthetics*, S. 65.
[114] Ebd., S. 25.

Abbildung werden konnte, und nicht mehr nur das jeweils ‚angemessene' Subjekt. Sprich: War also ein Landsknecht oder eine Magd erst einmal genauso abbildenswert wie ein Fürstensohn, ist das nicht-figurative nur die logische Weiterentwicklung einer der Grundprinzipien des ästhetischen Regimes[115], und die sogenannte Moderne „seems to have been deliberately invented to prevent a clear understanding of the transformations of art"[116]. Die vermeintlich anti-mimetische Revolution der Moderne führte auch zu einem Absolutheitsanspruch der Autonomie der einzelnen Künste, zu einer Emanzipation derselben und einem „commitment to its own medium"[117]: Die ‚pure' Form einer Kunst sollte über die spezifischen, technisch-materiellen Möglichkeiten seines Mediums oder Materials ergründet werden – eine Haltung, die bei Lessings Laokoon ihren Anfang nahm und sich zu Clement Greenberg weiterführen lässt.

Die Postmoderne mit ihren Hybridisierungstendenzen ist für Rancière letztendlich „simply the name under whose guise certain artists and thinkers realized what modernism has been: a desperate attempt to establish a ‚distinctive feature of art'" sowie eine „late recognition of a fundamental fact of the aesthetic regime"[118]. Moderne wie Postmoderne sind für Rancière irreführende Bezeichnungen, die fälschlicherweise eine historische Zäsur und einen simplifizierenden *telos* implizieren:

> Manche würden darin gerne den Stempel eines radikalen Bruchs sehen, dessen Eigenname Postmoderne sei. Aber diese Begriffe der Moderne und der Postmoderne projizieren widerstreitende Elemente missbräuchlich in eine zeitliche Abfolge, deren Spannung das ganze Regime der Kunst belebt. Dieses hat immer von der Spannung von Gegenteilen gelebt.[119]

Die Filmkunst ist für Rancière bezeichnenderweise diejenige, die diese ‚Spannung von Gegenteilen' am eindeutigsten sichtbar macht, und in der sich die Logiken des ästhetischen und des repräsentativen Regimes in einem andauernden, konstitutiven Widerstreit befinden.

---

[115] Damit sieht Rancière den Beginn des ästhetischen Regimes im literarischen Realismus, vgl. ebd., S. 24.
[116] Ebd., S. 26.
[117] McNamara und Ross, „On Medium Specificity," S. 100.
[118] Rancière: *The Politics of Aesthetics*, S. 28.
[119] Rancière: *Das Unbehagen in der Ästhetik*, S. 53.

2.3.4 Der Film als ‚thwarted fable'

Diesen Widerstreit beschreibt Rancière in *Film Fables*[120]: Darin legt er bereits im Prolog dar, dass das Medium Film und vor allem die Apparatur der Kamera für Regisseure der Avantgarde wie Jean Epstein eine Möglichkeit darstellte, sich von den Zwängen und Hierarchien des repräsentativen Regimes zu befreien. Mit dem Film hätte man endlich eine Kunstform zur Verfügung, die sich von der aristotelischen ‚fable' loslösen kann, die einen Zugang zur ‚Wahrheit' darstellt, da die Kamera in ihrer absoluten Passivität keine Handlungen konstruiert, sondern die Welt aufzeichnet, ‚wie sie ist', befreit „vom Willen, Kunst zu machen"[121].

Doch das sei immer schon ein Trugschluss gewesen: Epstein „welcomed an art that no longer exists, for the simple reason that it never did. (...) He hailed an art that existed only in his head, an art that was just an idea in people's heads"[122]. Ganz im Gegenteil wäre der Film für ein teilweises Wiederaufleben des repräsentativen Regimes verantwortlich, da er die Vorherrschaft von Handlung, Plot und Genre wiedereinführte, die vor ihm das Theater, die Malerei, die Literatur gerade versucht hatten, abzuschaffen. Allerdings nur teilweise – denn es mache gerade das Wesen des Films aus, dass die Logiken des ästhetischen und des repräsentativen Regimes ihn ihm aufeinandertreffen: Ein ewiger Kampf der Fabel, dem Vorankommen der Handlung, der Charaktere, des Plots mit Momenten ihrer Suspendierung, Momenten der reinen, zweckentbundenen Bildlichkeit, die der ‚thwarted fable' sozusagen immer wieder in die Quere kommen – eine „durchkreuzte Fabel"[123] also, wie Drehli Robnik es nennt, wobei sich ihm zufolge diese Durchkreuzung nicht nur darauf beschränkt, dass „das Filmische (...) das Narrative und dessen Primat über das Bild untergräbt"[124]:

> Es zählt primär nicht die Rebellion des Bildes gegen die Repräsentationsnormen von Genres, Plot-Formeln und Inszenierungsregeln – eine Rebellion, die ja im ästhetischen Regime ohnehin als Normalfall gesetzt ist –, sondern das, was in cinephiler Sichtweise meist als Defekt, als Sündenfall des Kinos in seine schnöde massenkulturelle Wirklichkeit gilt (...).[125]

---

[120] Jacques Rancière: *Film Fables*. Oxford: Berg, 2006.
[121] Rancière, „Die Geschichtlichkeit des Films," S. 220.
[122] Rancière: *Film Fables*, S. 4.
[123] Drehli Robnik: *Film ohne Grund. Filmtheorie, Postpolitik und Dissens bei Jacques Rancière*. Wien: Turia + Kant, 2010, S. 23.
[124] Ebd., S. 25.
[125] Ebd., S. 25f.

Robnik beschreibt diese Durchkreuzung vor allem als eine *Selbst*durchkreuzung, eine „freiwilligen Selbstunterwerfung"[126], so dass der Film oszilliert zwischen dem Bruch mit und der Treue zu den eigenen Voraussetzungen. Der Film begebe sich also freiwillig unter das Regime der Repräsentation[127], um genau dieses – sozusagen von innen heraus – immer wieder stören zu können[128]: „Film desidentifiziert sich, verstellt sich, stellt sich (...) blöd"[129], wie es Robnik salopp formuliert.

Für Rancière selbst exemplifiziert außerdem die Filmkunst, die das bewusste, künstlerische Auge des Regisseurs und das mechanische, unbewusste Auge der Kamera vereint, die ‚identity of opposites' von Gedanke und Nicht-Gedanke, die er als Merkmal des ästhetischen Regimes identifiziert hat. Für ihn ist also der Film „die Kunst des 20., gedacht durch das 19. Jahrhundert: vorbestimmt von den Kategorien des ästhetischen Denkens"[130] – ein Denken der und über die Kunst, das sich im ästhetischen Regime bereits vor dem Film in anderen Kunstformen verbreitet hat und „das gleichsam auf den Film gewartet hat"[131]. Die Idee des Films als *die* ästhetische Kunst „predated the cinema as a technical means and distinctive art"[132]. In Bezug auf die Aufteilung des Wahrnehmbaren stellt der Film (beziehungsweise die visuellen Künste im Allgemeinen) eine Neuverteilung des Sichtbaren und Wahrnehmbaren dar, er verändert „the landscape of the visible, the modes of presence, the modes of evidence of the visible"[133].

---

[126] Ebd., S. 26.
[127] Homi K. Bhabha hätte es vielleicht *mimicry* genannt, hätte er über Film statt über den postkolonialen Diskurs geschrieben. Vgl. das Kapitel „Of Mimicry and Man" in Homi K. Bhabha: *The Location of Culture*. London: Routledge, 1994, S. 85 - 92.
[128] Vgl. Robnik: *Film ohne Grund*, S. 81 - 87.
[129] Ebd., S. 84.
[130] Rancière, „Die Geschichtlichkeit des Films," S. 227. Etwas poetischer, aber im Prinzip ganz ähnlich, formulierte es bereits Annette Michelson: „The 19th century had been dreaming of movies, as all its forms of popular narrative and diversion (photographic album, panoramic view, magic lantern, shadow play, wax museum and the novel itself) conspire to testify." Annette Michelson: „Bodies in Space. Film as 'Carnal Knowledge'," *Artforum* VII, Nr. 6 (1969).
[131] Rancière, „Die Geschichtlichkeit des Films," S. 226.
[132] Rancière: *Film Fables*, S. 6.
[133] Jacques Rancière: „Aesthetics against Incarnation: An Interview by Anne Marie Oliver," *Critical Inquiry* 35, Nr. 1 (2008): S. 180.

2.3.5 Rancières ästhetisches Regime im Kontext von Deleuzes Filmphilosophie

Da eine rein Rancièrsche Lesart eines filmischen Texts durchaus problematisch sein könnte[134], scheint es sinnvoll zu sein, genauer zu betrachten, wie Rancière zu Deleuzes weithin bekannter Konzeption vom Bewegungs- und Zeit-Bild steht, der er in *Film Fables* ein ganzes Kapitel[135] widmet, und wie (beziehungsweise ob) sich eine Verknüpfung dieser beiden Ansätze für eine möglichst fruchtbare Analyse der detektivischen Imagination nutzen lassen könnte.

In aller Kürze ist das besagte Kapitel vorrangig eine Kritik an Deleuze und an seiner in *Kino 1* und *Kino 2* getroffenen Unterscheidung zwischen dem klassischen Kino (Bewegungs-Bild) und dem ‚modernen' Kino (Zeit-Bild). So moniert Rancière zum Beispiel, dass Deleuze sowohl für das Bewegungs-Bild (genauer gesagt, das Affekt-Bild) im ersten Band genau dieselben Filmbeispiele benutzt wie für sein Zeit-Bild im zweiten, und er schließt daraus: „We would willingly conclude that movement-image and time-image are by no means two types of images ranged in opposition, but two different points of view on the same image"[136]. Eine Unterscheidung zwischen zwei Arten von Bildern im Sinne von Deleuze wäre also „strictly transcendental and would thus not correspond to an identifiable rupture"[137], die Deleuze ja im zweiten Weltkrieg sieht und die für Rancière wiederum eine unzulässige Historisierung darstellt. Weiterhin kritisiert Rancière an Deleuze, dass sich seine Analyse zum Beispiel in Bezug auf die (temporäre) Bewegungsunfähigkeit von Charakteren in Hitchcocks *Fenster zum Hof* und *Vertigo* nur auf den „allegorical content of the fable"[138] stützt:

> The logic of the movement-image is not at all paralyzed by the fictional situation. The only remaining alternative is to consider the paralysis symbolic, to say that Deleuze treats these fictional situations of paralysis as simple allegories emblematic of the rupture in the action-image and its principle: the rupture of the sensory-motor link. However, if Deleuze has to allegorize this rupture by means of emblems taken from the stories, isn't it because it can-

---

[134] Martin McQuillan drückt es zwar etwas überspitzt aus, die Problematik mit einer Rancièrschen Leseweise lässt sich aber nicht ganz verleugnen: „It would be difficult to imagine what a ‚Rancièrian' reading (...) would look like (he is reluctant to fully elaborate on one) because he does not approach art or literature in this way (i.e. on their own terms). Instead art and literature for Rancière are always just ‚data' that prove the truth of a dialectical philosophy (...)." Martin McQuillan, „Paul de Man and Art History I: Modernity, Aesthetics and Community in Jacques Rancière," in: *Reading Rancière*. Hg. Paul Bowman und Richard Stamp (London: Continuum, 2011), S. 173.
[135] Vgl. Rancière: *Film Fables*, S. 107 - 123.
[136] Ebd., S. 112.
[137] Ebd., S. 114.
[138] Ebd., S. 118.

not be identified as an actual difference between types of images? (...) The movement-image is ‚in crisis' because the thinker needs it to be.¹³⁹

Anstatt in Rancières Ausführungen zu Deleuze allerdings lediglich eine „boshaft[e]"¹⁴⁰ Kritik zu sehen, könnte man sie auch als eine kritische Weiterentwicklung betrachten, als „Fortschreibung und konzeptionell-analytische Verfeinerung des philosophischen Ansatzes von Deleuze,"¹⁴¹ wie es Oliver Fahle nennt. Auch wenn es Rancière in *Film Fables* zwar nicht explizit so formuliert, entspricht – stark vereinfacht gesagt – das repräsentative Regime dem Bewegungs-Bild und das ästhetische Regime dem Zeit-Bild:

> Den klassischen Formen des Narrativen, Mimetischen und der Repräsentation steht die moderne Form gegenüber, die das Narrative und Mimetische mit Gegenbewegungen untersetzt und damit eine permanente Defiguration in die Filmerzählung hinein trägt.¹⁴²

Diese ‚Gegenbewegungen' entsprechen bei Rancière einer „infinite spiral"¹⁴³ (Robnik nennt es auch „die Durchkreuzung als Geste der Schraubendrehung, Wendung als Windung"¹⁴⁴): Weil Rancière den Bruch zwischen klassischem und modernem Kino eben nur als einen *fiktiven* Bruch betrachtet, kann er das Hin und Her zwischen Bewegungs- und Zeit-Bild, zwischen repräsentativem und ästhetischem Regime als eine unendliche Spirale ansehen, die als „dialectic constitutive"¹⁴⁵ gerade die (‚moderne') Filmkunst ausmacht.

Interessant ist hierbei, dass sich Rancière Deleuze mehr als seinen „implizite[n] Gegenspieler"¹⁴⁶ konstruiert, als man es bei allen Parallelen zwischen den beiden Denkrichtungen eigentlich erwarten würde. Es erstaunt auch insofern, als dass Rancière selbst oft auf eine Art und Weise vorgeht, die er Deleuze wiederum zum Vorwurf macht. So ist zum Beispiel die Metaphysik, die McQuillan¹⁴⁷ oder Josef Früchtl¹⁴⁸ bei

---

[139] Ebd., S. 116.
[140] „Darzulegen, wie boshaft Rancière in seiner Deleuze-Kritik verfährt, ist mir umso wichtiger, als ich glaube, dass deren Richtung stimmt." Robnik: *Film ohne Grund*, S. 40.
[141] Oliver Fahle, „Die Gegenwart der Film-Philosophie in Frankreich," in: *Philosophie des Films*. Hg. Birgit Leitner und Lorenz Engell (Weimar: Verlag der Bauhaus-Universität, 2007), S. 64.
[142] Ebd., S. 62.
[143] Rancière: *Film Fables*, S. 119.
[144] Robnik: *Film ohne Grund*, S. 43.
[145] Rancière: *Film Fables*, S. 122.
[146] Robnik: *Film ohne Grund*, S. 32.
[147] McQuillan, „Paul de Man and Art History I," S. 167.
[148] Josef Früchtl: „Auf ein Neues: Ästhetik und Politik. Und dazwischen das Spiel. Angestoßen durch Jacques Rancière," *Deutsche Zeitschrift für Philosophie* 55, Nr. 2 (2007): S. 214 - 215.

Rancière konstatieren, „exakt dieselbe, die Rancière an Deleuze kritisiert"[149], und wenn Ben Highmore schreibt: „Rancière's schema is no more or less convincing than other macro histories of art: it fits where it touches,"[150] dann ist das doch genau das, was Rancière wiederum Deleuze vorgeworfen hat, ebenso wie das Verfahren, „Filmfiguren als Allegorien von Potentialen des Ästhetischen zu lesen"[151].

Es erscheint mir also abschließend als angebracht, Deleuze weniger als Rancières ‚Gegenspieler' zu betrachten (und wenn, dann nur in dem Sinne, wie auch Moriarty vor allem deshalb der ‚Gegenspieler' von Sherlock Holmes ist, weil beide in ihrer Ähnlichkeit mitunter ununterscheidbar werden), sondern Rancières Überlegungen als „produktiven (...) Anschluss an Deleuzes Film-Philosophie"[152] zu sehen. Eine genauere Auseinandersetzung mit Parallelen zwischen Rancière und Deleuze wäre sicher ein lohnendes Forschungsfeld im Rahmen metatheoretischer Studien, für die hier vorgenommene Analyse soll aber die Perspektive auf Rancières *Film Fables* als Weiterentwicklung von Deleuzes Ansatz genügen.

---

[149] Robnik: *Film ohne Grund*, S. 75.
[150] Ben Highmore, „Out of Place: Unprofessional Painting, Jacques Rancière and the Distribution of the Sensible," in: *Reading Rancière*. Hg. Paul Bowman und Richard Stamp (London: Continuum, 2011), S. 107.
[151] Robnik: *Film ohne Grund*, S. 84.
[152] Fahle, „Die Gegenwart der Film-Philosophie in Frankreich," S. 56.

2.4 Das ästhetische Unbewusste

2.4.1 Das ästhetische Unbewusste: Vom Detektiv zum Arzt – oder umgekehrt?

In *The Aesthetic Unconscious* arbeitet Rancière weiterhin heraus, was Freud mit Ästhetik, dem ästhetischen Regime der Künste und letztendlich auch mit dem Detektiv verbindet. Unter dem ästhetischen Regime wäre nämlich die Psychoanalyse überhaupt erst denkbar und möglich gemacht worden: „(...) the Freudian thought of the unconscious is only possible on the basis of this regime of thinking about art and the idea of thought that is immanent to it"[153]. Diese ‚idea of thought', nämlich die Einheit von Gedanke und Nicht-Gedanke, die Rancière ja als ‚identity of opposites' des ästhetischen Regimes identifiziert hat, wäre also erst einmal die Voraussetzung für Freuds Konzept des Unbewussten als „unknown knowing and thought that does not think"[154] gewesen.

Die Auflösung der Hierarchien des repräsentativen Regimes hätten außerdem dafür gesorgt, dass *alles* potentiell bedeutsam werden kann (Rancière fasst es zusammen mit Novalis' ‚alles spricht'[155]), und damit wäre die „great Freudian rule that there are no insignificant ‚details' – that on the contrary it is the details that put us on the path of truth – (...) in direct continuation with the aesthetic revolution"[156]. Rancière spürt dieser Signifikanz der Details nach bis zu Giovanni Morelli[157], ein eigentlich zum Arzt ausgebildeter italienischer Kunstkritiker, der gegen Ende des 19. Jahrhunderts unter dem Pseudonym Ivan Lermolieff eine Art forensische Methode entwickelte, um Gemälde dem richtigen Künstler zuschreiben zu können. Diese basierte auf bis dato als unwichtig erachteten Details wie die Darstellungsweisen von Händen, Ohrläppchen oder Fingernägeln, die sich von Künstler zu Künstler deutlich unterscheiden und somit eine eindeutige Zuschreibung von Gemälden und – im Umkehrschluss – ein Erkennen von Fälschungen erlaubt.

Über Morelli kommt Rancière schließlich auf Carlo Ginzburg und dem Detail als Spur eines rekonstruierbaren Prozesses zu sprechen, worauf er dann die zwei Arten

---

[153] Rancière: *The Aesthetic Unconscious*, S. 7.
[154] Ebd., S. 43.
[155] Vgl. ebd., S. 35.
[156] Ebd., S. 36.
[157] Vgl. ebd., S. 61 - 64.

des ästhetischen Unbewussten (welches er als „consubstantial with the aesthetic regime of art"[158] ansieht) folgendermaßen beschreibt:

> There is on the one hand the model of the trace that is made to speak, in which the sedimented inscription of a history can be read. (...) But there is also the other model, which no longer sees the ‚insignificant' detail as a trace that allows a process to be reconstituted, but as the direct mark of an inarticulate truth whose imprint on the surface of the work undoes the logic of a well-arranged story and a rational composition of elements.[159]

Diese Polarität des ästhetischen Unbewussten schildert Rancière auch als „mute speech"[160] im doppelten Sinne: Als eine ‚stumme' Sprache eingeschrieben in die Oberfläche der Dinge, die erst durch einen Interpretationsvorgang entziffert werden muss einerseits, und eine ganz wörtlich ‚stimmlose' Sprache andererseits, die jenseits von Bewusstsein und Signifikation liegt, „speaking to no one and saying nothing but the impersonal and unconscious conditions of speech itself"[161]. Während die zweite Art des ästhetischen Unbewussten an die ‚durchkreuzte Fabel' des Films erinnert, lohnt es sich im Hinblick auf die Figur des Detektivs vor allem etwas genauer auf die erste Art und Carlo Ginzburgs *Spurensicherungen*[162] einzugehen.

Ginzburg hat darin die Parallelen zwischen Freud, Holmes und Morelli (oder auch zwischen dem Kunstsachverständigen, dem Detektiv und dem Arzt) ausführlich herausgearbeitet, auf die sich Rancière dann in *The Aesthetic Unconscious* bezieht. Gemalte Details, Spuren und Symptome gleichermaßen ermöglichen einen Zugriff auf eine sonst im Verborgenen bleibende Realität. Es ist dabei kein Zufall, dass Freud, Morelli und Doyle allesamt entweder als Arzt gearbeitet oder zumindest in Medizin promoviert haben (die Parallelen zwischen Doyles Professor Joseph Bell und dem Charakter Sherlock Holmes sind weithin bekannt):

> In allen drei Fällen erahnt man das Modell der medizinischen Semiotik: einer Wissenschaft, die es erlaubt, die durch direkte Beobachtung nicht erreichbaren Krankheiten anhand von Oberflächensymptomen zu diagnostizieren, die in den Augen eines Laien – etwa Dr. Watson – manchmal irrelevant erscheinen.[163]

---

[158] Ebd., S. 41.
[159] Ebd., S. 62f.
[160] Ebd., S. 41.
[161] Ebd., S. 39.
[162] Vgl. das Kapitel „Spurensicherung. Der Jäger entziffert die Fährte, Sherlock Holmes nimmt die Lupe, Freud liest Morelli – die Wissenschaft auf der Suche nach sich selbst." in: Carlo Ginzburg: *Spurensicherungen. Über verborgene Geschichte, Kunst und soziales Gedächtnis.* Berlin: Klaus Wagenbach, 1983, S. 61 - 96.
[163] Ebd., S. 69.

Auf dieser Semiotik aufbauend hätte sich am Ende des 19. Jahrhunderts ein Indizienparadigma durchgesetzt, welches sich zurückverfolgen lässt bis hin zum wesentlich älteren ‚Lesen' von Tierfährten. Ginzburg nennt es auch Wahrsageparadigma, da das Folgern der Ursache aus ihren Wirkungen eine „Fähigkeit zur retrospektiven Wahrsagung"[164] voraussetzt und deshalb immer „ein Rest von Unsicherheit bleibt"[165]. Es handele sich damit um „Formen eines tendenziell stummen Wissens"[166] – stumm deshalb, da es sich nicht in Regeln niederschreiben oder aussprechen lässt und nicht erlernt oder systematisiert werden kann, weil es um Spürsinn, Kreativität, Intuition gehe.

2.4.2 Induktion, Deduktion, Abduktion – und Intuition

Ginzburgs ‚retrospektives Wahrsagen' soll nun mit Charles Sanders Peirce und Umberto Eco etwas genauer untersucht werden. Peirce unterscheidet drei Arten des logischen Schlussfolgerns: Deduktion, Induktion und Abduktion (letztere nennt er auch Hypothese[167]). Was Ginzburg nun als detektivischen Spürsinn und als ‚Indizienparadigma' bezeichnet, lässt sich vor allem mit der Abduktion beschreiben (auch wenn Sherlock Holmes in Doyles Romanen beharrlich von Deduktion spricht, wie Eco anmerkt[168]). Es handelt sich dabei um ein Aufstellen einer Hypothese oder einer Theorie mit einem „Rückschluss von der logischen Konsequenz C auf die noch unbekannten Antezedens-Prämissen A"[169], wobei meist auf etwas geschlossen wird, „das direkter Beobachtung gar nicht zugänglich ist"[170]. Zwar unterscheidet später Eco aufbauend auf Peirce noch drei Unterarten der Abduktion, relevant ist hier aber in erster Linie die dritte Variante, die kreative Abduktion, die dann zum Einsatz kommt, wenn

---

[164] Ebd., S. 84.
[165] Ebd., S. 73.
[166] Ebd., S. 91.
[167] Deduktion ist der Schluss von einer allgemeinen Regel und einem Fall auf die Konsequenz, Induktion der Schluss von Fall und Konsequenz auf ein allgemeines Gesetz, und Abduktion von Gesetz und Konsequenz auf den Fall. Vgl. Charles Sanders Peirce, „Deduktion, Induktion und Hypothese," in: *Charles S. Peirce. Schriften zum Pragmatismus und Pragmatizismus*. Hg. Karl-Otto Apel (Frankfurt am Main: Suhrkamp, 1991), S. 229 - 252.
[168] Umberto Eco, „Die Abduktion in Uqbar," in: *Jorge Luis Borges. Adolfo Bioy Casares. Gemeinsame Werke. Band 1*. Hg. Gisbert Haefs (München und Wien: Carl Hanser, 1983), S. 280 - 281.
[169] Uwe Wirth, „Zwischen Zeichen und Hypothese: Für eine abduktive Wende in der Sprachphilosophie," in: *Die Welt als Zeichen und Hypothese. Perspektiven des semiotischen Pragmatismus von Charles Sanders Peirce*. Hg. Uwe Wirth (Frankfurt am Main: Suhrkamp, 2000), S. 138.
[170] Peirce, „Deduktion, Induktion und Hypothese," S. 246.

„ein Problem mit den herkömmlichen Prozeduren nicht lösbar ist"[171] und deshalb mit komplett neuen, innovativen Erklärungsmodellen, Handlungen oder Prognosen einhergeht. Diese kreative Abduktion (Eco nennt sie auch „Konjektur"[172]) ist zwar risikoreich und „am unsichersten, aber (...) enthält auch die größte Chance der Wissenserweiterung"[173]. Überprüft werden kann die durch Abduktion aufgestellte Hypothese schließlich durch davon ausgehende, weitere (in- und deduktive) Folgeschlüsse (‚Stimmt diese Hypothese, dann muss jenes passieren, wenn...').

Dass es sich beim abduktiven Folgern beziehungsweise beim Wissen des Detektivs oder des Diagnostikers demzufolge um ‚stummes Wissen'[174] handelt, hängt also vor allem mit dem Innovationsgrad der kreativen Abduktion zusammen, die ja gerade abweichen *muss* vom bereits bekannten, um überhaupt erst zu einer explizit *neuen* Hypothese führen zu können, da letztere „etwas annimmt, das von dem verschieden ist, was wir unmittelbar beobachtet haben"[175]. Deshalb spielt beim vorgeblich so rationalen Detektiv die Kreativität, Intuition und Imagination eine so große Rolle:

> Es gibt keinen Unterschied (...) zwischen der kühl-spekulativen Intelligenz und der Intuition des Künstlers. Es gibt etwas Künstlerisches in der wissenschaftlichen Entdeckung und etwas Wissenschaftliches in dem, was die Naiven ‚geniale Intuition des Künstlers' nennen. Das beiden Gemeinsame ist das Glück der glücklichen Abduktion.[176]

Aus demselben Grund versetzen sich die Detektive Holmes, Dupin oder House gleichermaßen durch das Spielen von Musikinstrumenten, Drogenkonsum oder ähnlichem oft in einen geistigen Zustand, der genau diese Kreativität fördert beziehungsweise überhaupt erst zulässt:

> (...) it takes a special kind of mind to solve these kinds of puzzles. Aside from the general rubric of ‚ratiocination', Poe calls this mental bent the ‚bi-part soul' and the ‚poet-mathematician.' (...) What is crucial is the idea that ratiocination is an operative which can cut through various levels of reality, a creative reverie which transcends positivistic reason

---

[171] Massimo A. Bonfantini, „Die Abduktion in Geschichte und Gesellschaft," in: *Die Welt als Zeichen und Hypothese. Perspektiven des semiotischen Pragmatismus von Charles Sanders Peirce*. Hg. Uwe Wirth (Frankfurt am Main: Suhrkamp, 2000), S. 239.
[172] Eco, „Die Abduktion in Uqbar," S. 278.
[173] Franz Wille, „Abduktive Erklärungsnetze. Überlegungen zu einer Semiotik des Theaters," in: *Die Welt als Zeichen und Hypothese. Perspektiven des semiotischen Pragmatismus von Charles Sanders Peirce*. Hg. Uwe Wirth (Frankfurt am Main: Suhrkamp, 2000), S. 324.
[174] Auch Rancière schreibt zu dieser Art des Wissens: „(...) a genius is also someone who does not know what he is doing or how he does it." Rancière: *The Future of the Image*, S. 119.
[175] Peirce, „Deduktion, Induktion und Hypothese," S. 245.
[176] Eco, „Die Abduktion in Uqbar," S. 282.

and assumptions. (...) The parallels between Peirce's abduction and the play of musement and Poe's ratiocination are clear.[177]

Dabei wohnt der Abduktion mehr noch als anderen mentalen Vorgängen generell immer ein Moment des Undarstellbaren, des Unsichtbaren, des Unbeschreibbaren inne:

> (...) the analytic solution of a mystery always leaves us at the end with the mystery of an analytic solution, the mystery of that solving power that catches a partial glimpse of itself (...) but that (...) cannot gain a complete view of itself no matter how often it repeats the analytic moment (...). This paradox of a (non) self-including self – that if the process of thinking and the content of thought ever absolutely coincided, they would vanish in a condition of no-difference, taking with them the differential entity that is the self – lies at the heart of the detective genre that Poe invented.[178]

Trifft dieses eigentlich Undarstellbare wieder auf den Film, so gelangt man durch die Visualisierungsversuche der detektivischen Imagination (oder auch durch das, was im Film *verborgen* bleibt) wieder genau bei dem medienphilosophischen Knotenpunkt, an dem das Medium Film sich selbstreflexiv aus seinen eigenen Möglichkeiten heraus denkt.

2.4.3 Der Detektiv, der Arzt und die Selbstreflexivität des Films

Die fiktive Figur des Detektivs speziell im Film und seine Verortung in den Blickstrukturen der Moderne hat bereits Kay Kirchmann in seinem Aufsatz *The Private and the Public Eye*[179] beschrieben, weshalb hier kurz einige Aspekte daraus dargelegt werden sollen. Da nämlich mit der Moderne, dem Panoptismus im Sinne Foucaults und den unzähligen „optischen Apparaturen scheinbar alles sichtbar, überschaubar und registrierbar geworden ist, (...) muss der Geltungsbereich des Visuellen, des Sichtbaren und des Unsichtbaren neu ausgelotet werden"[180], und genau dies ermögliche medienübergreifend die Figur des Detektivs, da das Genre generell (selbstreflexiv) das Spannungsfeld Unsichtbarkeit/Sichtbarkeit sowie die zugehörigen Wahrnehmungsmodalitäten auslotet.

Ähnlich der Verbindung des Wissenschaftlichen und des Künstlerischen in Ecos

---

[177] Nancy Harrowitz, „The Body of the Detective Model: Charles S. Peirce and Edgar Allan Poe," in: *The Sign of Three. Dupin, Holmes, Peirce*. Hg. Umberto Eco und Thomas A. Sebeok (Bloomington: Indiana University Press, 1983), S. 194f.
[178] Irwin, „Poe, Borges, and the Analytical Detective Story," S. 52.
[179] Kay Kirchmann: „The Private and the Public Eye. Der Detektiv, der Film und der Blick der Moderne," *Blimp Film Magazine*, Nr. 44 (2001).
[180] Ebd., S. 175.

‚glücklicher Abduktion' ist nämlich der Detektiv bei Kirchmann die symbolische „Amalgamierung von ästhetischem und analytischem Blick"[181], der – im Gegensatz zur Polizei – nicht nur mit einem panoptisch-sezierenden Blick immer weiter in die Tiefe der Dinge eindringt, sondern zusätzlich einem ästhetisch-imaginativen Blick folgen kann, der an der Oberfläche der Dinge bleibt, einem „Blick aus den Augenwinkeln"[182], wie Peter Krumme es in Bezug auf Poes Dupin nennt: „der detektivische Scharfblick muß die Distanz zum betrachteten Objekt nicht nur wahren, sondern überhaupt erst herstellen"[183]. Für die ‚künstlerische' Lösung des Falls begibt sich der Detektiv demnach in die bereits beschriebene geistige Versenkung: „Der gezielt gesuchte Kontrollverlust über das eigene Bewußtsein, (...) die Überantwortung an die Macht der Imagination erst generiert den entscheidenden Blick auf die Dinge"[184]. Der ausschlaggebende Prozess der Inspiration findet also im Verborgenen statt, im Inneren der Figur, abgeschirmt vom „Terror der visuellen Omnipräsenz"[185] und der allzu sichtbaren Welt.

Der Detektivfilm im Besonderen muss sich nun selbst verorten zwischen der Sichtbarmachung des eigentlich Unsichtbaren (sowohl in Hinsicht auf Indizien als auch auf die im Inneren stattfindende Imagination des Detektivs), zwischen diesem technisch-allsehenden Blick und dem kreativ-ästhetischen, wobei der Film zwangsweise seiner eigenen Medienspezifik unterliegt und an den technischen Kamerablick gebunden bleibt:

> Während nämlich der literarische Text als Erzählinstanz gewissermaßen oberhalb des reflexiven Panoptismus seiner Figuren und seines Erzählgegenstandes agieren und sich situieren kann, löst der Film eben durch seinen Kamerablick diesen Panoptismus auf höherer Ebene sofort wieder ein. Der *Gegenstand* einer kritischen Reflexion wird dabei durch Verwendung desselben als *Methode* eben dieses Diskurses nachträglich wieder sanktioniert.[186]

Damit sind wir genau bei einer der zentralen Fragen dieser Analyse, nämlich inwieweit nun die Detektivserie im Fernsehen nach der Jahrtausendwende ihren eigenen Status im Geflecht der Sichtbarkeiten reflektiert, ob sich die Grenzen des Sichtbaren bloß verschieben oder letztendlich sogar das sichtbar wird, was eigentlich (im Inneren der Figuren) verborgen bleiben müsste.

---

[181] Ebd.
[182] Peter Krumme: *Augenblicke. Erzählungen Edgar Allen Poes*. Stuttgart: Metzler, 1978, S. 15.
[183] Ebd., S. 7.
[184] Kirchmann, „The Private and the Public Eye," S. 194.
[185] Ebd., S. 191.
[186] Ebd., S. 197. Hervorhebungen im Original.

In dem Zusammenhang besonders interessant ist hierbei noch Kirchmanns kurzer Hinweis am Ende seines Aufsatzes auf eine weitere Art von Blick, nämlich denjenigen auf die „gehaltlosen Evidenz der Oberfläche", mit dem wir „vielleicht auch schon beim Fernsehen sind"[187]. Denn während das Indizienparadigma, das Entziffern von hieroglyphischen Spuren an der Oberfläche der Dinge und der wissenschaftlich-künstlerische Blick des Detektivs der ersten Art des ästhetischen Unbewussten entsprechen (um wieder auf Rancière zurückzukommen), erinnern völlig leere Bilder bar jeder Geheimnisse wiederum stark an die zweite Art, die stumme, stimmlose Sprache, „speaking to no one and saying nothing"[188]. Rancière wirft am Ende von *The Aesthetic Unconscious* dem frühen Freud auch vor, dass er sich gegen die untrennbare Dualität der zweifach stummen Sprache stelle und damit teilweise in das repräsentative Regime zurückfalle:

> Against the nihilist entropy inherent in the power of voiceless speech, Freud chooses the other form of mute speech, the hieroglyph offered to the labor of interpretation and the hope of healing. Following this logic, he tends to assimilate (...) the labor of its deciphering with the classical plot of recognition that the aesthetic revolution had rejected.[189]

Es gilt also bei der Fernsehserie auch darauf zu achten, was zwar vorerst unsichtbar ist, dann jedoch wieder entziffert, mit Bedeutung versehen und wieder in den Plot eingegliedert wird, und ob sich im Gegensatz dazu auch etwas jeglicher Interpretation und Signifikation entzieht – man könnte auch sagen, die Fabel ‚durchkreuzt'.

Neben der Beobachtung anderer Medien wird hier letztendlich auch das eigene Medium kommentiert sowie ein Kommentar abgegeben zur Sichtbarkeit der Dinge, zur ‚Aufteilung des Wahrnehmbaren' und der eigenen Situierung in diesem Geflecht des Sichtbaren/Unsichtbaren. Um noch einmal Walter Benjamin zu bemühen: „Die Kühnheiten des Kameramanns sind in der Tat denen des chirurgischen Operateurs vergleichbar,"[190] denn er „dringt tief ins Gewebe der Gegebenheit ein"[191] und macht damit bis dato Unsichtbares wahrnehmbar, ruft also letzten Endes auch „Veränderungen im Medium der Wahrnehmung"[192] hervor – was eben nicht nur für medizinische oder wissenschaftliche bilderzeugende Verfahren, sondern auch für Medien generell gilt:

---

[187] Ebd., S. 199.
[188] Rancière: *The Aesthetic Unconscious*, S. 39.
[189] Ebd., S. 86.
[190] Benjamin, „Das Kunstwerk im Zeitalter seiner technischen Reproduzierbarkeit," S. 31.
[191] Ebd., S. 25.
[192] Ebd., S. 22.

> Medien unterwerfen das, was sie kommunizieren, transportieren oder eben visualisieren, bestimmten Ausgangsbedingungen. Medien produzieren (...) auch bestimmte Ordnungen der Erkenntnis (...). Insofern machen sie nicht nur wahrnehmbar, was ohne sie nicht wahrnehmbar wäre, sondern gleichzeitig bestimmen sie, was überhaupt wahrnehmbar ist und was eben nicht.[193]

Zusammenfassend sind also – die filmische Selbstreflexivität betreffend – nach Kirchmanns Typologie[194] für den Arzt-/Detektivfilm vor allem ästhetische wie auch wahrnehmungsbezogene Aspekte relevant: das Verhältnis von Abbild und ‚Realität', Wahrnehmungsstrukturen (im Sinne dessen, was wahrnehmbar ist oder gemacht wird) oder auch eine Reflexion der filmischen Mittel selbst, zum Beispiel anhand von Formen der bereits beschriebenen ‚transformational-ontologischen Intermedialität'. Dies wird aber genauer in der nun folgenden Analyse von *House* und *Sherlock* zu untersuchen sein.

---

[193] Sven Grampp und Kay Kirchmann, „'Meine Herrschaften, es geht das Gerücht um, dass ich ein Feind des Röntgenbildes bin.' - Der Arzt als Zeichenleser, Medienkritiker und Sinnstifter in populären Mediendiskursen," in: *Bild und Gestalt: Wie formen Medienpraktiken das Wissen in Medizin und Humanwissenschaften?* Hg. Frank Stahnisch und Heijko Bauer (Hamburg: LIT Verlag, 2007), S. 182.

[194] Vgl. Kay Kirchmann: „Zwischen Selbstreflexivität und Selbstreferentialität. Überlegungen zur Ästhetik des Selbstbezüglichen als filmischer Modernität," *Film und Kritik*, Nr. 2 (1994): S. 24 - 28.

3. Analyse

3.1 House, M.D.

3.1.1 Nur Anspielungen? House als Holmes – Arzt oder Detektiv?

Erst einmal soll hier genauer erläutert werden, wieso *House* eigentlich relevant für die Fragestellung ist, beziehungsweise warum man *House* überhaupt als eine Detektivserie bezeichnen kann. Isabell Otto hat an anderer Stelle[195] diese Frage teils sehr treffend beantwortet, weshalb ich die Parallelen zwischen Arzt/Detektiv, House/Holmes nur knapp zusammenfassen möchte.

Der Arzt Gregory House ist deshalb ein Detektiv, weil es (für ihn) weniger darum geht, Leben zu retten, als „um den Reiz der richtigen Diagnose einer außergewöhnlichen Krankheit"[196] – man könnte auch ganz allgemein sagen, es geht um die Lösung eines Rätsels[197]. Die Krankheit wird damit zum Verbrechen, eine Liste von Krankheiten wird zu einer Auflistung der Tatverdächtigen, ein Virus oder ein Bakterium zum Täter, Symptome werden zu Indizien, die (körperliche) Untersuchung zur Ermittlung und der Körper zum Tatort. House unterscheidet sich auch als Detektiv deutlich von der ‚Polizei' (respektive den ‚normalen', den anderen Ärzten) durch seine ungewöhnlichen, teils moralisch fragwürdigen oder schlichtweg kriminellen Behandlungs- oder Ermittlungsmethoden, und zusätzlich auf der Ebene der äußerlichen Erscheinung durch seine Weigerung, einen Arztkittel zu tragen.

Kurz gesagt kann man nach Kirchmann bei *House* von „einer als Krankenhausserie getarnten Kriminalserie"[198] sprechen: Weil Arzt wie Detektiv beide dem Indizienparadigma (im Sinne von Ginzburg) verschrieben sind, ließ sich die Struktur der Detektivgeschichte relativ problemlos in das Setting einer Krankenhausserie übertragen und *House* zu einem Genrehybrid werden, der Elemente von Kriminal- und Arztserie

---

[195] Vgl. Isabell Otto, „Countdown der Krankheit. *House M.D.* und die Blicke in den Körper," in: *'Previously on...'. Zur Ästhetik der Zeitlichkeit neuerer TV-Serien*. Hg. Arno Meteling, Isabell Otto, und Gabriele Schabacher (München: Wilhelm Fink, 2010).
[196] Ebd., S. 245.
[197] Wilson: "You know how some doctors have the Messiah complex – they need to save the world? You've got the Rubik's complex – you need to solve the puzzle." "DNR" (S01E09). Für den weiteren Verlauf der Analyse soll der einfacheren Identifikation halber die Staffel- und Episodennummer der jeweiligen Folge von *House* sowie der englische Originaltitel verwendet werden.
[198] Kay Kirchmann, „Einmal über das Fernsehen hinaus und wieder zurück. Neuere Tendenzen in US-amerikanischen TV-Serien," in: *'Previously on...'. Zur Ästhetik der Zeitlichkeit neuerer TV-Serien*. Hg. Arno Meteling, Isabell Otto, und Gabriele Schabacher (München: Wilhelm Fink, 2010), S. 72.

verbindet. So wird die Suche nach der Ursache der Krankheit eines ganz bestimmten Patienten zu einem *police procedural*. Die dabei zugrundeliegende Formel der Serie ist schnell zusammengefasst:

> Eine Person, der künftige Patient, erleidet einen Zusammenbruch, einen Unfall, den plötzlichen Einbruch der Krankheit. (...) House und sein Team erstellen eine erste Diagnose und beginnen eine Behandlung, die den Zustand des Patienten vorübergehend bessert. Die Diagnose erweist sich aber als falsch und dem Patienten geht es schlechter. Es folgt eine Odyssee durch Differentialdiagnosen, Beweissicherung und medizinische Testverfahren. (...) Schließlich wird der Fall gelöst, meist indem Dr. House die Lösung in der Art eines Geistesblitzes einfällt.[199]

Die Serie *House* übernimmt also – zumindest anfänglich[200] – die abgeschlossene Episodenstruktur der *Sherlock Holmes*-Geschichten, von dieser Formel wird aber im weiteren Verlauf der Serie vermehrt abgewichen.

Auch wenn es sich nicht um ein explizites Remake (man könnte wohl eher von einem impliziten oder uneingestandenem Remake sprechen[201]) von *Sherlock Holmes* handelt, kann zumindest der wissende Zuschauer die immer wieder eingestreuten Anspielungen und intertextuellen Bezüge auf *Sherlock Holmes* freudig erkennen: Sei es die Ähnlichkeit der Namen House/Holmes, J. Wilson/J. Watson (die letzten beiden jeweils die einzigen ‚Freunde' – durchaus mit homoerotischem Subtext – der ersten beiden), seine Soziopathie[202], Namen von Charakteren oder Personen (Adler, Moriarty, Bell[203]), die Adresse Baker Street 221B[204] oder die Sucht, wahlweise nach Drogen oder nach intellektueller Stimulation durch das Lösen der ‚Fälle' – um nur einige der unzähligen Beispiele zu nennen. Houses Team übernimmt dabei sowohl die Rolle von Watson (sie liefern ihm ‚falsche' Lösungen und Ideen, anhand derer er seine ei-

---

[199] Isabell Otto, „Countdown der Krankheit. *House M.D.* und die Blicke in den Körper," ebd., S. 246.
[200] Der erste episodenübergreifende Handlungsstrang in der ersten Staffel (von der 14. bis zur 18. Episode) ist der Konflikt zwischen House und Edward Vogler, der das Krankenhaus 'gekauft' hat und House feuern möchte.
[201] Vgl. Nicola Dusi, „Remaking als Praxis. Zu einigen Problemen der Transmedialität," in: *Serielle Formen. Von den frühen Film-Serials zu aktuellen Quality-TV- und Online-Serien*. Hg. Robert Blanchet, et al. (Marburg: Schüren, 2011), S. 362.
[202] Diese soziale Distanz zu anderen Menschen beschreibt Krumme übrigens als konstitutives Merkmal des Detektivs: „Nur dadurch (...) kann er seine Aufmerksamkeit auf das richten, was für jene ohne Bedeutung ist." Krumme: *Augenblicke*, S. 8.
[203] Adler heißt eine Patientin in "Pilot" (S01E01), in "No reason" (S02E24) wird House von jemandem namens Moriarty niedergeschossen, und in "Love is blind" (S08E14) ist sein (vermeintlicher) biologischer Vater ein schottischer Arzt namens Bell. In "Joy to the World" (S05E11) schenkt Wilson House sogar eine Ausgabe von Joseph Bells *Manual of The Operations of Surgery*.
[204] Houses Adresse lautet 221 Baker Street, Apt. B, Princeton, NJ 08542 – man sieht sie kurz in „Two Stories" (S07E13). Bis zu dieser Folge war lediglich die Hausnummer 221B bekannt.

genen Hypothesen aufstellen und seinem Team wiederum präsentieren kann) als auch die Rolle der *baker street irregulars* (sie brechen zum Beispiel in die Wohnungen der Patienten ein, um dort Informationen zu beschaffen). Wesentlich interessanter als diese ‚oberflächlichen' Parallelen zwischen Arzt und Detektiv, zwischen House und Holmes sind allerdings die detektivischen Vorgehensweisen von Gregory House, seine spezifische Wahrnehmung, seine Imagination und seine Eingebungen, die ihn in struktureller Analogie zu Holmes zur Lösung des Rätsels führen.

3.1.2 Der detektivische Blick auf den Körper: Die Ambulanzfälle

So wird Houses detektivischer Blick zum einen bei den Patienten in der Klinikambulanz (also bei denen, die „normal" und nicht „außergewöhnlich krank"[205] sind sowie manchmal bei Mitarbeitern, Freunden oder Familienmitgliedern) demonstriert, abseits des ‚Hauptpatienten' und in einer Weise, wie sie berühmt für Sherlock Holmes ist: House hält Ausschau nach Hinweisen, nach Spuren überall auf und am Körper des Patienten, der Kleidung, oder auch in der Handtasche. Er nimmt dadurch scheinbar unwichtige Details wahr, kann schließlich – nicht weniger spektakulär als Holmes[206] – auf die richtige Diagnose der Krankheit schließen (und auf Dinge, die zwar weit darüber hinaus gehen, aber oft damit zusammenhängen). Das können sehr triviale, im Nachhinein offensichtliche Hinweise sein, wie ein Mann, der über taube Finger in einer Hand klagt, und dessen Uhr an seinem Handgelenk einfach zu eng gestellt ist (S01E13, „Cursed"). Als eine Frau wegen einer Lappalie vorbeikommt, schließt House aufgrund ihrer blitzweißen Zähne und der neuen Brillengläser darauf, dass sie bald ihren Job verliert und deshalb noch einmal ihre Krankenversicherung ausnutzt, bevor sie diese verliert (S01E03, „Occam's Razor"); und in „Sports Medicine" (S01E12) betreibt House sogar eine Art *speed diagnosing* auf dem Krankenhausflur, bei dem er vier Patienten in vier Minuten abfertigt beziehungsweise diagnostiziert, alle aufgrund von äußerlichen Spuren auf dem Körper (rote Augen), von Kleidung, Schuhen, Gerüchen, Schmuck oder der Zeitschrift, die jemand liest, sowie aufgrund weniger Worte der Patienten.

Diese Evidenz der Oberfläche wird besonders deutlich in „Three Stories" (S01E21), als House in einer Art Vorlesung junge Medizinstudenten mit einem (fiktiven) Fall

---

[205] Otto, „Countdown der Krankheit," S. 245.
[206] Dabei wird immer wieder mit den Prinzipien der Serie und der Erwartungshaltung der Zuschauer gespielt – am Ende von „Histories" (S01E10) findet House Wilson an einem abgelegenen Ort, er setzt zu einer seiner ‚brillanten Deduktionen' aufgrund von Wilsons Schuhwerk an (wie bereits in S01E07, „Fidelity"), um dann zuzugeben: „I followed you."

konfrontiert, bei dem ein Bauer über Schmerzen in seinem Bein klagt. Die Studenten fordern erst einmal eine ausführliche Anamnese, Tests, PET-Scan und MRI:

> HOUSE: Sorry, thanks for playing, patient's dead. You killed him.
> STUDENTEN: We had no time to run any tests, there was nothing we could do.
> HOUSE: You had time to look at the leg.

Hätten die Studenten also erst einmal das Bein selbst inspiziert, hätten sie auch den Schlangenbiss gesehen, und dem Patienten ein Gegengift verabreichen können. Während die Studenten also als Inbegriff der ‚normalen' Medizin (beziehungsweise der ‚Polizei' in Abgrenzung zum Detektiv) nur in die Tiefe sehen (in die Tiefe der persönlichen Geschichte, in die Tiefe der Körper), steht House unübersehbar in der Tradition von Poes Detektiv Dupin und dem *Purloined Letter*:

> Der rasche Blick, der das Naheliegende schärfer erfaßt als ein Blick, der in die Tiefe dringen will, gibt Poe Anlaß zur Forderung, *daß die Wahrheit, ihrem Wesen nach, oft an der Oberfläche liegt, und daß in vielen Fällen tief eher die Abgründe sind, in denen wir die Wahrheit suchen, als die tatsächlichen Gegebenheiten, in denen sie zu finden ist.*[207]

Dass für House die Oberfläche der Körper so wichtig ist, mag auch an der hauptsächlich abduktiven Vorgehensweise von House liegen (wobei er natürlich auch die anderen beiden Arten des logischen Schlussfolgerns beherrscht, die In- und Deduktion): Da er die Ursache aus ihren Wirkungen folgern muss, und da die Auswirkungen eines ‚Verbrechens' im Körper auch meist irgendwie geartete äußerliche Zeichen zur Folge haben, gewinnt die Körperoberfläche massiv an Evidenzkraft. Dass auch die Dinge, welche die Leute am Körper mit sich tragen, so oft zur Lösung des ‚Falls' beitragen, ist wiederum dem geschuldet, was Otto als ‚Verdichtung' identifiziert hat: eine Verdichtung deshalb, weil „der Tatort, den der Arzt-Detektiv zu untersuchen hat, sich im Körper des Opfers befindet"[208], und damit alles, was Patienten mit sich am Körper haben, nun einmal ebenso mit zur Untersuchung des Tatorts gehört. Die Verdichtung ist allerdings gerade bei den Ambulanzfällen noch wesentlich umfassender als bei den Hauptfällen jeder Episode, da eine zeitliche Verdichtung auf ein bis zwei Minuten Erzählzeit (im Gegensatz zu den etwa 45 Minuten des Hauptfalles) hinzukommt. Dies ist auch einer der Gründe, wieso die „'a-mediale' Beobachtung" nach dem Vorbild der „Holmes'schen Entschlüsselungen"[209] (und damit die Evidenz der Oberflä-

---

[207] Krumme: *Augenblicke*, S. 13. Hervorhebungen im Original.
[208] Otto, „Countdown der Krankheit," S. 247.
[209] Ebd.

che) vor allem in den Ambulanzfällen relevant ist, während bei den Hauptfällen auf den ersten Blick ein „Misstrauen gegenüber dem ‚unbewaffneten Sehen'"[210] vorzuherrschen scheint. Wie wir sehen werden, ist allerdings auch bei den Hauptfällen die Interpretation von Zeichen und Spuren auf der Oberfläche von Bedeutung.
Was im Kopf des Detektivs vorgeht bleibt allerdings bei den Ambulanzfällen konsequent verborgen, es gibt im Allgemeinen weder POV-Shots aus Houses Perspektive noch andere Hinweise, was der Detektiv denkt beziehungsweise was er sieht. Die ‚Lösung' oder Diagnose (und bei weniger offensichtlichen Fällen auch den Lösungsweg) offenbart House dem Patienten meist wie aus der Pistole geschossen, ohne dass zum Beispiel durch eine längere Nahaufnahme seines Gesichts erkennbar wäre, dass er darüber gerade explizit nachdenken würde.

3.1.3 Der detektivische Blick auf Körper und Körper-Bilder: Die Hauptpatienten

Während sich die Ambulanzfälle also recht deutlich am Blick auf die Oberfläche in der Tradition von Sherlock Holmes, seiner blitzschnellen Auffassungsgabe und seinen logischen Schlussfolgerungen bewegen, stößt man bei den Hauptfällen auf interessante Widersprüche in Bezug auf Blickstrukturen und die Interpretation von medizinischen Bildern sowie Zeichen auf dem Körper des Patienten. House ist nämlich eigentlich vor allem für seine prinzipielle Abneigung bekannt, seine Patienten überhaupt selbst zu besuchen, zu befragen oder sie gar zu untersuchen, und diese nur aus der Distanz zu diagnostizieren. House speist seine Diagnosen scheinbar nur aus Anamneseberichten seines Teams, aus Testergebnissen und Röntgen-/MRI-/CT- oder anderen medizinischen Bildern, die sein Team für ihn anfertigt, und er begibt sich vermeintlich nur in absoluten Notfällen freiwillig zu seinen Patienten. Immer wieder diagnostiziert er sogar vom Telefon aus, während er gar nicht im Krankenhaus zugegen ist, und erinnert somit an den *armchair detective*, der Fälle nur anhand von Erzählungen oder Zeitungsartikeln aus dem Wohnzimmersessel heraus löst.
Nimmt man wie Isabell Otto jedoch daraus folgernd an, dass die technologisch erzeugten Bilder bei House „für die Wahrheit des technisches Bildes [stehen], das dem Sehen mit eigenen Augen im Sinne eines genaueren Sehens entgegengestellt wird"[211] und sie die „Schlüsselszenen der Serie"[212] konstituieren, dann macht man es sich mit

---
[210] Otto geht allerdings nicht weiter darauf ein, warum sich Ambulanz- und Hauptfälle überhaupt unterscheiden im Hinblick auf die Evidenz der Oberfläche. Ebd., S. 248.
[211] Ebd., S. 252.
[212] Ebd., S. 255f.

einer solch einseitigen Betrachtungsweise wohl etwas zu einfach. In *House* wird ja geradezu überdeutlich, dass diese Bilder für sich alleine erst einmal recht wenig bis gar nichts aussagen: Das typische MRI oder CT in *House* fungiert vor allem als Anlass zum zwischenmenschlichen Geplauder innerhalb des Teams, um dann mit einem „It's all clean" eine erneute Differentialdiagnose einzuleiten. Sind medizinische Bilder wirklich einmal von Bedeutung, dann sind sie das meist erst, wenn sie vom Arzt/Detektiv House richtig interpretiert werden. Um zu sehen, was House sieht, muss sein Team von ihm praktisch mit der Nase darauf gestoßen werden, wie in diesem Beispiel beim Betrachten einer Videoaufnahme aus dem Inneren des Darms einer Patientin:

HOUSE:	Hold it there. Back it up a couple of frames. Yeah! That's your money shot.
FOREMAN:	I don't see anything.
HOUSE:	Really? Ginormous thing on the right side of her intestine doesn't intrigue you?
FOREMAN:	Does ginormous mean really big or really, really small, because I don't see anything.
CHASE:	There? A Dieulafoy?[213]

Außerdem zeigt House auch wiederholt die *Limitationen* dieser (Medien-) Techniken auf[214], und äußert eine deutliche Kritik an den medizinischen Bildgebungsverfahren und dem Blick in die Tiefe. So wird House zum Beispiel nicht müde zu betonen, dass – außer ihm selbst als Meister der Bildinterpretation – alle Ärzte ohnehin nur das in einem Röntgenbild, MRI oder CT sehen, was sie sehen *wollen*.[215] Eine ähnliche Kritik an der Unbestimmtheit dieser Bilder wird besonders deutlich in Houses Abneigung gegen Ganzkörper-CTs oder -MRIs:

HOUSE:	Give him a whole body scan.
CAMERON:	You hate whole body scans.
HOUSE:	Because they're useless. You could probably scan every one of us and find five different doodads that look like cancer.[216]

---

[213] „Kids" (S01E19).

[214] Otto schreibt nur wenige Zeilen später (richtigerweise): „Die Evidenz des MRI ist jedoch begrenzt," Otto, „Countdown der Krankheit", S. 252.

[215] Siehe zum Beispiel „Paternity" (S01E02) in Bezug auf Chase, und „Maternity" (S01E04) in Bezug auf einen Radiologen. Auch Cuddy spricht diese Unbestimmtheit der medizinischen Bilder implizit an, etwa wenn sie in „Role Model" (S01E17) sagt „(...) reading brain MRIs is not an exact science".

[216] Was House aber nicht davon abhält, den Test wirklich durchführen zu lassen. „Role Model" (S01E17).

Die immer besseren bildgebenden Verfahren führen nämlich dazu, dass eine harmlose Anomalie als lebensgefährliche Krankheit (miss-) interpretiert werden kann, und es stellt sich die Frage, was nach einer solchen Diagnose „überhaupt therapiert wird – eine Krankheit oder lediglich nur ein Zeichen einer Krankheit, das als Bild geschaffen wird,"[217] wie Markus Gatzen schreibt. Meistens sind die Anomalien, die von Houses Team auf solchen Bildern gefunden werden, dementsprechend auch falsche Fährten, die eigentlich asymptomatisch waren und fälschlicherweise für den ‚Schuldigen' gehalten wurden. Zum besonderen Blick des Detektivs als Diagnostiker gehört also auch, sich bei der Interpretation dieser Bilder über deren teils zweifelhaften indexikalischen Status bewusst zu sein, deren Beschränkungen zu kennen und eventuelle Unbestimmtheiten richtig zu deuten, wobei ‚richtig' in diesem Sinne eben auch heißen kann, eine Auffälligkeit als harmlos zu betrachten. House macht analog dazu oft gerade deshalb sichtbar, was für andere unsichtbar ist, weil er sich mit den Limitationen der medizinischen Bilder und der sie produzierenden (Medien-) Technologien auskennt:

KUTNER:	Looks like an atrial myxoma, but the ultrasound images are a little grainy, so it's hard to tell. (...)
HOUSE:	*(am Telefon)* The images aren't grainy.
TAUB:	They sure look grainy.
HOUSE:	I've seen pictures of you where you look tall. It's iron overload. Creates speckles on the image, makes it look grainy. (...) MRI for a better view. And call me back and tell me you're embarrassed because my eyesight is better 500 miles away.[218]

Mal führen demnach Krankheiten beziehungsweise ihre Symptome wie zu viel Eisen im Blut dazu, dass sich die entscheidenden Hinweise in den Bildern verbergen[219], mal bereits verabreichte Medikamente[220], bei anderen Fällen sind Metallplatten im Weg[221], oder es werden gar Bilder vom linken anstatt vom rechten Bein gemacht[222] – in all diesen (und mehr) Fällen bleibt für die ‚normalen' Ärzte unsichtbar, was nur der Detektiv durch sein Wissen um die Fehleranfälligkeit dieser Bilder (seien es technische oder menschliche Fehler) sichtbar machen kann: Der Detektiv interpretiert

---
[217] Markus Gatzen, „Bilderflut," in: *Frankensteins Kinder. Film und Medizin.* Hg. Jutta Phillips-Krug und Cecilia Hausheer (Zürich: Cantz, 1997), S. 106.
[218] „Birthmarks" (S05E04).
[219] In „DNR" (S01E09) zum Beispiel versteckt sich der Auslöser der Krankheit auf dem MRI hinter einer selbst verursachten Schwellung.
[220] „Cursed" (S01E13).
[221] „Love Hurts" (S01E20).
[222] „Control" (S01E14).

demzufolge nicht nur Bilder und Zeichen richtig, sondern auch Störungen derselben. House bringt hier also deutlich zum Ausdruck, was bei medizinischen Bildgebungsverfahren oft übersehen wird: „Was die Bilder niemals zeigen und was doch stets beachtet werden muss, wenn man aus ihrer Betrachtung irgendwelche Schlussfolgerungen zieht, ist ihre Unzulänglichkeit"[223].

Von einer widersprüchlichen Haltung gegenüber medizinischen Bildern (und damit auch gegenüber dem medialen, technischen Blick in die Tiefe des Körpers) lässt sich schließlich deshalb sprechen, weil bei den Hauptfällen ebenfalls immer wieder die Zeichen auf der Körperoberfläche und der ‚a-mediale' Blick von House zur Lösung des Rätsels führen, zum Beispiel in „Control" (S01E14): House hebt die Decke der schlafenden Patientin hoch, und schließt von den selbstzugefügten Schnittwunden an deren Beinen auf Depressionen und Bulimie, und aus dieser Annahme heraus folgert er schließlich, dass sie Brechwurzelsirup (ein Brechmittel) einnimmt, der alle ihre Symptome erklärt und auch ihr Herz zerstört hat – während sein Team für letztere Erkenntnis erst ein Echokardiogramm machen muss. Ebenso weiß House in „Mob Rules" (S01E15) bereits vor seinem Team und deren Test, dass der Patient Hepatitis C hat, da er dessen Gefängnistätowierungen bemerkt und diese dementsprechend interpretiert, wieder an anderer Stelle löst House das Rätsel durch den Geruch des Patienten („Deception", S02E09), die Körpergröße („Heavy, S01E16) oder durch Nikotinflecken an den Fingern und ein Brandmal einer Zigarette am Arm („Distraction", S02E12). Er ist durchaus ein Arzt, der – jedenfalls, sofern er es für nötig erachtet – alle seine Sinne einsetzt, er betastet seine Patienten, er setzt seinen Geruchs- und Gehörsinn[224] ein, und er schreckt auch nicht davor zurück, Urin oder Erbrochenes[225] zu kosten. Auch Houses Team stellt sporadisch fest, dass die ‚Wahrheit' nicht immer in der Tiefe der bildgebenden Verfahren oder computergesteuerten Bluttests liegen muss, wie am Ende von „Failure to Communicate" (S02E10):

> FOREMAN: If a human being had actually looked at his blood, anywhere along the way, instead of just running tests through the computer... The parasites would have jumped right out at them.
> CAMERON: Price of the electronic age.

House selbst spricht dies mitunter explizit aus, etwa als Foreman ihn in „Occam's Razor" (S01E03) fragt, warum er die Testergebnisse schon vorher wusste, worauf

---

[223] Bauer und Ernst: *Diagrammatik*, S. 261.
[224] Siehe „Autopsy" (S02E02) und „Deception" (S02E09).
[225] Siehe „Histories" (S01E10).

House antwortet: „Well, if you guys hadn't been so busy trying to prove me wrong, you might have checked in on the poor kid" – allerdings wird dies sofort wieder dadurch relativiert, dass der Zuschauer zwei Sätze später erfährt, dass House ja ebenfalls nicht selbst beim Patienten war, sondern Wilson House wiederum von ihm berichtet hat.

Um zu erklären, wieso der Blick des Arzt-Detektivs in *House* als so widersprüchlich erscheint (denn MRIs/CTs/Röntgenbilder/Sonographien werden ja trotz allem unbestreitbar zuhauf von House geordert), bietet sich eine systemtheoretische Perspektive an, wie sie Kirchmann und Grampp im Artikel *Der Arzt als Zeichenleser, Medienkritiker und Sinnstifter in populären Mediendiskursen*[226] unter anderem in Bezug auf den deutschen Spielfilm *Sauerbruch – Das war mein Leben*[227] dargelegt haben. Im Zuge einer systemtheoretischen Ausdifferenzierung nach Niklas Luhmann, den damit einhergehenden Entindividualisierungs- und Spezialisierungstendenzen in der Gesellschaft der Moderne sowie einer zunehmenden Verbreitung von (Bild-) Technologien (nicht nur, aber sehr deutlich in der Medizin), werde der Arzt im Film zu einer „Kompensationsfigur", durch welche „Folgeprobleme der Moderne (...) symbolisch verhandelt, ‚getestet' und durchgespielt – letztlich dann eben auch vorübergehend befriedet werden können"[228]. Wo die ‚moderne' Medizin hauptsächlich eine Bildermedizin ist, die mit immer ausgefeilteren Apparaturen immer tiefer in die Körper blickt, ist ein intuitiv begabter Zeichenleser gefragt, der sowohl die Flut an Bildern richtig zu interpretieren imstande ist, als auch die Zeichen auf den Körpern selbst[229] nicht übersieht, und die Körperoberfläche noch dazu wie ein Bild ‚lesen' und deuten kann. Damit wird auch das Verhältnis von Mensch (und einer ‚menschlichen' Medizin) zur Apparatemedizin beziehungsweise zu (Medien-) Technologien im Allgemeinen ergründet:

> Der Arzt dient nämlich als Figur, anhand derer verhandelt wird, ob der Mensch (immer noch) Kontrolle über die (Medien-) Technik inne hat, oder ob die (Medien-) Technik nicht vielmehr (...) längst eine Strukturlogik und Eigendynamik entwickelt hat, die nicht nur

---

[226] Grampp und Kirchmann, „Der Arzt als Zeichenleser," S. 181 - 198.
[227] Regie: Rolf Hansen. Deutschland, 1954. Vgl. Ebd., S. 190 - 194.
[228] Ebd., S. 198.
[229] Der klassische Detektiv macht ja im Übrigen stellenweise nichts anderes, nur dass bei ihm die zu ‚lesenden' Körper meist bereits tot sind (was bei einer Autopsie beziehungsweise Obduktion manchmal auch beim Arzt der Fall ist, sofern es ein Pathologe, Rechtsmediziner oder eben Gregory House ist).

menschliche (Analyse-) Kompetenz übersteigt, sondern die der Mensch vielleicht auch nicht mehr durchschauen, geschweige denn kontrollieren kann.[230]

So werden auch die vermeintlichen Grenzen der medizinischen Bildtechnologien aufgezeigt, und es wird sichergestellt, „dass zumindest das außerordentliche Individuum den Bereich desjenigen wahrnehmen kann, was sonst der medialen Wahrnehmungsanordnung konstitutiv entzogen bleiben muss"[231]. Im Konzept des Arztes als Universalgenie verbinden sich Technik *und* künstlerisch-kreative Intuition des Individuums, was das Universalgenie wiederum mit dem Blick des modernen Detektivs verbindet – und eben mit *House*: Er beherrscht den (technologischen, panoptischen) Blick in die Tiefe der Körper ebenso wie den ästhetischen, streifenden Blick der Oberfläche, der auch für vermeintlich unwichtige Details empfänglich ist. Der Schlüssel zur Lösung des Falls liegt oft in Dingen, die Houses Team (oder die ‚Polizei') nicht einmal für erwähnenswert halten, wie eine Packung Schinken im Kühlschrank einer Patientin[232], ein übermäßig großer Vorrat an Pfefferminzbonbons[233], oder wie Katze eines Jungen hieß und woran sie gestorben ist[234]. In der Figur House verdichten sich Universalgenie, Arzt und Detektiv auf ein universalkompetentes und schöpferisches Individuum: Er spricht Spanisch, Portugiesisch, Russisch, Mandarin und Hindi, spielt Klavier, Gitarre und Mundharmonika, kann jonglieren, und probiert er ein beliebiges neues Hobby aus, ist er natürlich auch in diesem ein Genie (in „Epic Fail" (S06E03) wird House zum Beispiel zum Meisterkoch). Er ist auch in dem Sinne eine „Medienexperte und vor allem -kritiker,"[235] als dass er sich mit medizinischen Apparaturen und Technologien bestens auskennt und, wie bereits beschrieben, deren Limitationen aufzeigt. Hier beobachtet und kommentiert also die Fernsehserie wiederum andere Medien: „Wir beobachten (...) populäre Medien, die technische Medien der modernen Medizin und ihre Nutzungsformen beobachten"[236]. Dabei wird

> (...) wie im ‚Sauerbruch-Diskurs' vorgeführt (...) die rationalistisch-technische Seite der Moderne am Beispiel der Medizin als defizitär vorgeführt und unverhohlen für eine Abkehr von der Technik- und Mediengläubigkeit zugunsten einer unmittelbaren – lies: nichtmediatisierten (also vormodernen) – Kommunikation geworben.[237]

---

[230] Grampp und Kirchmann, „Der Arzt als Zeichenleser," S. 185.
[231] Ebd., S. 194.
[232] „Pilot" (S01E01).
[233] „Love Hurts" (S01E20).
[234] „Detox" (S01E11).
[235] Grampp und Kirchmann, „Der Arzt als Zeichenleser," S. 194.
[236] Ebd., S. 184.
[237] Ebd., S. 197.

Zwar erfindet und baut House selbst keine Apparate, aber ihre Funktionsweise ist für ihn eben auch keine *black box*: Die eigentlich unsichtbare Technologie tritt für das Genie nicht hinter den von ihr produzierten Bildern zurück, sondern ist immer Teil seines Interpretationsprozesses. Kann House aus irgendwelchen Gründen eine bestimmte Technik nicht einsetzen, fallen ihm deshalb auch ausgefallene oder längst vergessene Methoden ein, die dieselbe Aufgabe erfüllen können, wie das Galvanometer in „Distraction" (S02E12).

House steht auch sehr deutlich den Ausdifferenzierungstendenzen in der Medizin entgegen – er ist als „board-certified diagnostician"[238] der Leiter des *Departments of Diagnostics*, einer sozusagen ‚interdisziplinären' Abteilung, die selbst in der diegetischen Welt der Serie normalerweise nicht existiert und von Cuddy am *Princeton-Plainsboro Teaching Hospital* nur für House geschaffen wurde[239]. House steht mit seiner Abteilung also jenseits der medizinischen Ausdifferenzierung in diverse Spezialgebiete, und er bemängelt immer wieder, dass jegliche Spezialisten nur noch den beschränkten Blickwinkel ihres Fachgebietes haben (und damit natürlich auch in die oft vagen medizinischen Bilder genau das ‚hineininterpretieren', was ihrem Spezialgebiet entspricht):

> I have a headache. It's my only symptom. I go to see three doctors. The neurologist tells me it's an aneurysm, the immunologist says I got hay fever, the intensivist can't be bothered, sends me to a shrink, who tells me that I'm punishing myself because I wanna sleep with my mommy. (...) Pick your specialist, you pick your disease.[240]

Der Diskurs einer ‚menschlicheren' Medizin gegenüber der ‚Apparatemedizin' ist bei *House* (bis auf die Ambulanzfälle) allerdings nicht mehr so „unverhohlen"[241] wie es noch bei *Sauerbruch* der Fall war: House scheint durch seine emotionale und physische Distanz zum Patienten sowie dem ausufernden Einsatz bildgebender Verfahren gerade das Gegenteil einer ‚menschlicheren' Medizin zu verkörpern, umso bezeichnender ist aber, dass *selbst er* immer wieder die entscheidenden Zeichen direkt am Körper seiner Patienten wahrnimmt oder im ‚persönlichen Therapiegespräch' (man

---

[238] „Occam's Razor" (S01E03).
[239] Ebenso wie die ‚Berufsbezeichnung' des Diagnostikers: Jeder Arzt ist ein Diagnostiker, wenn er eine Diagnose stellt – es ist kein spezieller ärztlicher Beruf oder gar Titel. Auch hier tut sich wieder eine Parallele zu Doyles Sherlock Holmes auf, der von sich selbst sagt: „I crave for mental exaltation. That is why I have chosen my own particular profession, or rather created it, for I am the only one in the word. (...) The only unofficial consulting detective". Sir Arthur Conan Doyle, „The Sign of Four," in: *The Complete Sherlock Holmes* (Garden City, New York: Doubleday, 1960), S. 90.
[240] „The Socratic Method" (S01E06).
[241] Grampp und Kirchmann, „Der Arzt als Zeichenleser," S. 197.

könnte wohl auch Verhör dazu sagen) die lebenswichtigen Hinweise auf die richtige Diagnose bekommt[242].

Zusammenfassend lässt sich beobachten, dass es in *House* sowohl beim technologischen als auch beim a-medialen, beim tiefgehenden wie beim oberflächlichen Blick vor allem auf die Intuition ankommt: House scheint gerade deshalb verborgene Spuren oder Zeichen wahrnehmen zu können (sei es in medizinischen Bildern oder direkt auf dem Körper, sei es beim Klinik- oder Hauptpatienten), weil er oft bereits schon vor der Suche weiß, nach was er Ausschau halten muss, da er bereits einen oder mehrere mögliche, abduktiv ‚erratene', (aber für den Zuschauer verborgene) hypothetische Lösungen des Falls im Kopf hat. So sieht man zum Beispiel in „Control" (S01E14) wie House sein Whiteboard betrachtet, auf dem alle physischen (aber keine psychischen) Symptome der Patientin aufgelistet sind. Er denkt eine Weile nach, dann löscht er alle Symptome auf der Tafel und ersetzt sie durch mehrere psychische Symptome. Es bleibt zwar an dieser Stelle noch im Verborgenen, was House genau denkt, allerdings kann man aufgrund seiner späteren Erklärungen davon ausgehen, dass er hier abduktiv auf Depression als Diagnose schließt. Mit Hilfe einer Folgededuktion[243] findet er also deshalb die entscheidenden Zeichen auf ihrem Körper, weil er bereits weiß, nach was er Ausschau halten muss. Dasselbe trifft auch auf Houses außerordentliche Interpretationsfähigkeit der medizinischen Bilder zu: In „Cursed" (S01E13) identifiziert House Fasern aus einer Isolierung eines Dachbodens unter dem Mikroskop zuerst als „animal hair", worauf er zielstrebig ein CT anordnet. Beim Betrachten der CT-Bilder einige Momente später sieht House wieder etwas, was die anderen nicht sehen – weil er eben schon beim Anordnen des Scans den Verdacht auf Anthrax hatte (beziehungsweise den Scan überhaupt erst wegen diesem Verdacht hat durchführen lassen) und deshalb weiß, worauf er bei den Bildern achten muss[244].

---

[242] In einem der ausgesprochen seltenen Fälle, in denen House das Rätsel nicht lösen kann und sein Patient stirbt, ist folglich auch ein übersehenes Zeichen an der Körperoberfläche die Ursache: Eine Infektion eines kleinen Kratzers, der durch den Haken eines BHs verursacht wurde. Während der Untersuchungen wurde dieser Kratzer dann immer von ebendiesem BH verdeckt und dadurch die tödliche Infektion übersehen ("House Training" (S03E20)). Ähnlich ist es in "Frozen" (S04E11), als House den nackten Körper einer Wissenschaftlerin am Nordpol zwar genauestens per Webcam untersucht, ihr aber aufgrund der Kälte gestattet, ihre Socken anzulassen – worunter sich natürlich der entscheidende Hinweis verbirgt, ein (sichtlich) gebrochener Zeh.
[243] Die in etwa so aussehen könnte: *Wenn* die Patientin depressiv ist, *dann* wird sie sich selbst Verletzungen zufügen und damit sichtbare Spuren auf dem Körper haben.
[244] Auch bei „Heavy" (S01E16) wird der Fall nicht durch ein bildgebendes Verfahren gelöst, sondern das bildgebende Verfahren erst angeordnet, als die finale Diagnose bereits von House gestellt

Wenn man also die Intuition nach Schwarte begreift als „Riss in der Welt, in der die Wahrnehmung stattfindet,"[245] der ein Sichtbarmachen von dem ermöglicht, was „bisher von der Struktur der Wirklichkeit ausgeschlossen war,"[246] dann ist es genau diese Intuition, die Houses Blick auf Körper wie auf Körper-Bilder so besonders macht: Mit Hilfe seiner Imagination sieht er deshalb bis dato unsichtbare Zeichen, weil seine Intuition den Möglichkeitsrahmen für diesen Wahrnehmungsakt dementsprechend abgesteckt hat: „Die Imagination folgt der Spur, die die Intuition herausschält"[247].

3.1.4 Visualisierungen von Imagination: Mentale Bilder

Auch wenn letztendlich die meisten geistigen Prozesse der Intuition und Imagination in Houses Kopf *verborgen* bleiben, soll nun anhand einiger ausgewählter Beispiele dargelegt werden, was von diesen Bewusstseinsprozessen für den Zuschauer denn nun *sichtbar* gemacht wird, und wie dies geschieht.

Erste einfache Versuche, Houses Denkprozesse für den Zuschauer zu visualisieren, finden anhand des Whiteboards in Houses Büro statt, worauf Symptome oder potentielle Diagnosen geschrieben werden. Bei einer Differentialdiagnose im Team notiert House darauf meist einfach das, was ihm zugerufen wird, und man sieht ihn und das Whiteboard als Teil einer *reference* oder *non-character narration* (in den Termini Branigans[248]). Ist House allerdings mit dem Whiteboard alleine in seinem Büro, dann ermöglichen seine Notizen auf dem Whiteboard zumindest indirekt und eingeschränkt Einblick in seine Gedankengänge. In der oben bereits beschriebenen Szene aus „Control" (S01E14) lässt sich durch die sich abwechselnden POV-Shots von Houses schreibender Hand sowie Nahaufnahmen von seinem nachdenklichen Gesicht und sein Ersetzen der physischen mit psychischen Symptomen zum Beispiel schließen, dass er wohl einen Verdacht auf eine psychische Krankheit hegt.

Gemäß der Serialität der Serie und ihrer „Überbietungslust"[249] lassen sich immer weiter fortschreitende Versuche der Visualisierung von Houses Gedanken und seiner Imagination ausmachen. Einige Folgen später[250] sieht man House wieder alleine in seinem Büro vor seinem Whiteboard sitzen, dieses Mal sitzt er allerdings mit ge-

---

ist – worauf das Team dann eben auch weiß, von welchem Teil des Körpers der Patientin ein MRI anzufertigen ist und was sie auf diesen Bildern erwarten wird.
[245] Schwarte, „Intuition und Imagination," S. 102.
[246] Ebd., S. 103.
[247] Ebd.
[248] Vgl. Branigan: *Point of View in the Cinema*, S. 75f.
[249] Kirchmann, „Einmal über das Fernsehen hinaus," S. 65.
[250] „Kids" (S01E19).

schlossenen Augen davor, nachdenklich den Kopf auf seinen Stock gestützt, während sich in einfacher bis mehrfacher Überblendung die einzelnen Symptome, die auf das Whiteboard geschrieben sind, durch das Bild schieben – gleichzeitig fährt die Kamera immer näher an Houses Kopf heran. Hier handelt es sich nicht mehr um einen POV-Shot, sondern um eine Projektion: Die Schrift auf dem Whiteboard mag zwar ‚neutral' erscheinen (sie existiert ja auch in der diegetischen Welt außerhalb von Houses Kopf), aber durch die Überblendungen, die Kamerabewegungen und Houses geistige Versenkung wirkt es so, als ob sich die einzelnen Symptome eben nicht nur ‚neutral' durch das Bild bewegen, sondern als ob sie vor Houses ‚geistigem Auge' vorüberziehen würden – während er nach der Lösung sucht, wie diese einzelnen Symptome zusammenhängen. Branigan zählt diese Art der Projektion zu den „intermediate forms of subjectivity, "[251] da es sich eben nicht um ‚echte' mentale Bilder handelt: „rather these images are (...) suggested by showing us objects *external and present* to the character in continuous, present time."[252]

In der zweiten und dritten Staffel finden sich dann bereits (eindeutig subjektive) mentale Prozesse wie Träume und Halluzinationen von House, die aber formal erst einmal nicht als solche markiert sind und nur retrospektiv als subjektive Bilder erkennbar werden[253], wie in „Top Secret" (S03E16): House bekommt darin den entscheidenden Hinweis für die Lösung eines Falls in einem Traum, in dem er an sich selbst ein Symptom (Nasenbluten) beobachtet, welches wiederum auf die Krankheit seines Patienten hinweist. House begibt sich dabei mit Absicht in diesen besonderen Bewusstseinszustand, um den Fall zu lösen: „(...) I need sleep. Hey, it's the brain's way of working out problems that the conscious mind can't solve during the day, remember?".

In der vierten und fünften Staffel wird schließlich das Prinzip der verschlüsselten Hinweise aus dem Unbewussten von House weiter ausgebaut und über ganze Folgen hinweg ausgedehnt, weshalb ich mich hauptsächlich auf einige besonders aussagekräftige Beispiele daraus beziehen möchte: Zum einen auf die Folgen „House's

---

[251] Branigan: *Point of View in the Cinema*, S. 82.
[252] Ebd. Hervorhebungen im Original.
[253] Brütsch nennt dies den retroaktiven Modus (vgl. Brütsch: *Traumbühne Kino*, S. 182). Auch in „No Reason" (S02E14) ‚erträumt' House fast die ganze Folge und den zugehörigen Fall während er bewusstlos ist, nachdem er am Beginn der Folge angeschossen wurde. Das Rätsel ist hier aber weniger der ‚Fall' (der auch gar keiner ist), als vielmehr herauszufinden, dass er überhaupt träumt. An dieser Folge ließe sich zwar sehr gut die Film-Traum-Analogie untersuchen, worauf in der Folge sogar explizit eingegangen wird, für eine Untersuchung der detektivischen Imagination sind allerdings andere Folgen besser geeignet.

Head" (S04E15) und „Wilson's Heart" (E04E16), die letzten beiden Folgen der vierten Staffel, in denen House seinem Unbewussten und seiner Erinnerung künstlich auf die Sprünge helfen muss, da er sich nach einem Busunfall nicht mehr an die entscheidenden Hinweise zur Lösung des Rätsels erinnern kann, und zum anderen an die drei letzten Folgen der fünften Staffel, in denen er sein Unbewusstes als ‚lebende' Person halluziniert.

„House's Head" bietet, wie der Name es schon ankündigt, vor allem einen außergewöhnlichen Einblick in Houses Gedankenwelt: Die Folge beginnt mit einem desorientierten House in einem Striplokal, er weiß nicht mehr, wie er dort hingekommen ist und diagnostiziert sich selbst mit einer retrograden Amnesie, da er sich nicht an die letzten vier Stunden erinnern kann. Auf Nahaufnahmen von Houses Gesicht und extremen Nahaufnahmen seiner Augen folgen in dieser Szene mehrmals sehr kurze Einstellungen von verletzten Menschen in schwarz-weiß, nur Wunden oder Blut sind rot dargestellt: Houses übriggebliebene Erinnerungsfetzen. In der letzten Erinnerung sieht er sich – in der ‚dritten Person' – schließlich selbst sehen (alles ist wieder schwarz-weiß, nur seine Pupillen sind in blau dargestellt), worauf er plötzlich weiß: „I saw something, a symptom. Someone is going to die unless I find them." Um dieses Rätsel zu lösen, versucht House zuerst mit medizinischer Hypnose (im weiteren Verlauf der Folge dann auch mit sensorischem Reizentzug sowie einer Überdosis an Vicodin und Physostigmin) seinen präfrontalen Cortex und damit sein Erinnerungsvermögen zu stimulieren – und sich in die für den Detektiv so typische geistige Versenkung zu begeben.

Die Szenen in Houses Kopf vereinen dabei stellenweise Elemente von Träumen ebenso wie Elemente von Flashbacks/Erinnerungen und Halluzinationen. So erinnert sich House zum Beispiel unter Hypnose an die Bar, in der er vor dem Busunfall war: Pulsierendes Licht, Bier- und Schnapsflaschen mit einer generischen Aufschrift („Beer") sowie stillstehende Menschen ohne Gesichter kennzeichnen diese Bilder sehr deutlich als *mentale* Bilder im Gegensatz zur Serienrealität. Die Unbestimmtheit der Gesichter und der Flaschenetiketten deutet zwar auch formal darauf hin, dass es sich um Erinnerungsbilder handelt, die „eine Art Überbleibsel oder Echo oder Re-Präsentation einer ursprünglichen Wahrnehmung"[254] sind, diese Bilder aus Houses Kopf lassen sich letztendlich trotzdem weniger als Erinnerungen und mehr als Halluzinationen einordnen. Chase, der ihn hypnotisiert, und Wilson, der dabei steht, sind

---

[254] McGinn: *Das geistige Auge*, S. 19.

nämlich mit House in seiner ‚Erinnerung'. In Anlehnung an McGinns ‚vorstellungsdurchsetztes Sehen' könnte man hier also vielleicht eher von einer wahrnehmungs- und erinnerungsdurchsetzten Halluzination sprechen, oder mit Jahraus von einem (von Teilen der ‚Wirklichkeit' sowie der Erinnerung) penetrierten Bewusstsein. Hinzu kommt, dass wieder andere Teile seiner ‚Erinnerung' – wie bei einem Traum – aus seinem Unbewussten dazukommen, zum Beispiel Wilsons Freundin Amber. Der ambivalente Status dieser mentalen Bilder (und damit der unterschiedliche ‚Wahrheitsgehalt' einer Erinnerung gegenüber diesen Halluzinationen) wird auch in der Folge selbst laufend thematisiert und hinterfragt, zumal House gegen Ende der Folge dann auch wirklich einen Traum im engeren Sinne hat. Von der formalen Inszenierung her grenzen sich die ‚echten' Erinnerungen in schwarz-weiß von den halluzinierten Erinnerungen und dem Traum in Farbe und mit dem pulsierendem Licht deutlich ab, allerdings scheint es zum einen auch eine Art falsche ‚echte' Erinnerung zu geben (House hat eine kurze Erinnerung in schwarz-weiß an die myoklonischen Zuckungen des Busfahrers, die allerdings gar nicht stattgefunden haben, wie sich später herausstellt), zum anderen dreht sich die farbliche Inszenierung am Ende um: Als House sich schließlich daran erinnern kann, was im Bus wirklich passiert und wer der eigentliche Patient ist, ist seine Erinnerung plötzlich in Farbe, und die gegen Ende eindringende Serienwirklichkeit ist schwarz-weiß (Wilson und Cuddy versuchen House wiederzubeleben, nachdem sein Herz stehengeblieben ist).

Die eigentlichen Hinweise zur Lösung des Rätsels lassen sich nun am besten mit einem psychoanalytischen Ansatz beschreiben – *House* und die Inszenierung seiner unbewussten Gedanken sind ein Beispiel dafür, dass Freuds „vier Kategorien der Traumarbeit (...) einen ungeheuren Einfluss auf (...) Kunst und Literatur ausgeübt"[255] haben: Verdichtung, Verschiebung, die Verwendung von Symbolen sowie die Übersetzung von abstrakten Gedanken in visuelle Bilder. Stark verkürzt beruhen diese Strategien der Traumarbeit darauf, dass sich der latente Traumgedanke nicht direkt in Träumen zeigen kann, sondern eine Art Zensur oder Übersetzung durchläuft, und sich dadurch hinter den sichtbaren, manifesten Traumelementen verbirgt. Der latente Traumgedanke ist dabei „zwar unbewusst, aber nur ‚derzeit' unbewusst und damit relativ leicht bewusstseinsfähig"[256]. Der verborgene ‚Gedanke' ist im Falle von „Houses Head" also die Identität der Person, bei der House im Bus ein tödliches Symptom

---

[255] Hartmut Raguse, „Traumdeutung in der Tradition von Siegfried Freud," in: *Traumwelten. Der filmische Blick nach innen*. Hg. Leo Karrer und Charles Martig (Marburg: Schüren, 2003), S. 36.
[256] Ebd., S. 34.

bemerkt hat: Amber. Dass Houses Erinnerungen und Träume überhaupt von seinem Unbewussten ‚zensiert' werden, kann man dabei auf seine (unbewussten) Schuldgefühle zurückführen, da Amber wegen House in dem Bus war, sowie auf eventuell unerfüllte (sexuelle) Wünsche: „Motive für das Verdrängen oder Verzerren von Erinnerungen sind bei Freud primär die Peinlichkeit sexueller Wünsche (...). Ein weiteres Motiv (...) ist das Vermeiden negativer, schmerzlicher Emotionen"[257]. In seinen halluzinierten Erinnerungen taucht Amber interessanterweise ganz am Anfang einmal auf, sie wird allerdings von House als nicht signifikantes Detail angesehen und ignoriert:

HOUSE:	Will you get your girlfriend out of here?
WILSON:	(...) Amber's there? You've got Amber in your head?
HOUSE:	You put her in my head. I can't even have a conversation with you in my subconscious without her tagging along. (...) I need these two out of here.
CHASE:	Let's just ignore Wilson and Amber for now, shall we?

Danach erscheint Amber weder in Houses Halluzinationen noch in seinem Traum, den er später in derselben Folge hat, sie tritt erst wieder in der ‚echten' Erinnerung am Ende von „House's Head" sowie in „Wilson's Heart" auf, nachdem ein Teil des latenten Traumgedankens (‚der gesuchte Patient ist Amber') House bereits bewusst geworden ist. Statt mit Amber wird er aber vorher immer wieder mit einer unbekannten Frau konfrontiert, die eine Halskette mit einem Bernstein (*amber*) trägt. Der Name ‚Amber' wurde also durch das Bild einer Bernsteinhalskette ersetzt. In seinem Traum bindet House auch ein rotes Seidentuch um das Bein der Unbekannten, was man gleichzeitig als Verschiebung und Verdichtung deuten kann, denn das Seidentuch steht einerseits für den roten Schal, den Amber im Bus getragen hat, gleichzeitig aber auch für die Wunde an Ambers Bein, da aus der roten Seide schließlich Blut hervorquillt. Die Unbekannte gibt House zwar sehr eindeutige Hinweise und weist des Öfteren auf ihre Halskette hin („I am the answer" – „Look at me"), umso resistenter bleibt jedoch der unangenehme, latente Traumgedanke House verborgen – wahrscheinlich, da er auch unbewusst ‚weiß', dass er Amber nicht retten kann, selbst wenn er sich erinnert. Hier scheint sich also sogar der Detektiv in einem Blick in die Tiefe und dem Suchen nach Details zu verlieren, anstatt das Offensichtliche zu sehen, denn während er den Bernstein im Traum in der Hand hält, sagt House noch: „So

---

[257] Tilmann Habermas, „Psychoanalyse als Erinnerungsforschung," in: *Gedächtnis und Erinnerung. Ein interdisziplinäres Handbuch.* Hg. Christian Gudehus, Ariane Eichenberg, und Harald Welzer (Stuttgart und Weimar: Metzler, 2010), S. 68.

there's something wrong. There's some detail I'm not noticing that's spoiling the big picture".

In der letzten, erinnerten Halluzination erkennt House schließlich, dass ihm die unbekannte Frau – als Teil seines Unbewussten – bereits die ganze Zeit *clues* gegeben hat, beziehungsweise dass sie selbst die Antwort ist:

FRAU:	Who am I?
HOUSE:	I don't know. Why the guessing game?
FRAU:	Because you don't know the answer.
HOUSE:	And if I don't, you don't. But you know the clues.
FRAU:	I know what's bugging your subconscious. (...) What's my necklace made of?
HOUSE:	Amber...

Der Eingang des unbewussten, latenten Traumgedankens (beziehungsweise ein Teil davon) in Houses Bewusstsein und seine Manifestierung darin wird an dieser Stelle als wortwörtliche Erleuchtung dargestellt, ein Weißblitz, nach welchem plötzlich Amber am Platz der unbekannten Frau sitzt, was daraufhin der ‚richtigen' Erinnerung an den Unfall ebenfalls den Weg in Houses Bewusstsein bahnt und die pulsierende Beleuchtung verschwinden lässt.

In „Wilson's Heart" geht es schließlich um den zweiten Teil des vergessenen (zensierten) latenten Traumgedankens, nämlich welches Symptom House bereits im Bus bei Amber bemerkt hat, welches wiederum der Schlüssel zu ihrer Diagnose ist. Der erste Traum scheint zunächst gar keiner zu sein (man könnte mit Brütsch von einer Strategie der Traumverschleierung sprechen[258], nach dem Traum gibt es dann ein eindeutiges Aufwachmoment), dieser unsichere Status wird aber auch gleich zu Beginn geklärt:

AMBER:	Are you okay?
HOUSE:	Can't really say ‚yes' when it's a hallucination asking.
AMBER:	Don't worry, you're just dreaming.

Daraufhin gibt es in seinem Traum (dafür, dass House ‚nur' träumt, spricht auch das fehlende pulsierende Licht, welches die halluzinierten Erinnerungen kennzeichnet) wieder eine visuelle Umsetzung eines Namens, er trinkt nämlich mit Amber Sherry (das Getränk), was eigentlich für *Sharrie's* (der Name der Bar, in der House war) steht. Am Ende des Traums flüstert ihm Amber außerdem „electricity" ins Ohr, was

---

[258] „Der Beginn des Traums muss (...) als Fortsetzung der Wachhandlung erscheinen; gleichzeitig besteht die Notwendigkeit, eine Situation zu inszenieren, die nachträglich als Moment des Einschlafens erkannt werden kann (...)." Brütsch: *Traumbühne Kino*, S. 182.

House auf die Idee bringt, *deep brain stimulation* auszuprobieren, um sich besser erinnern zu können. Dabei werden Stromstöße durch ein Loch im Schädel direkt an eine bestimmte Stelle im Gehirn abgegeben, und bei dieser Szene gelangt schließlich der Zuschauer wortwörtlich in Houses Kopf: Die Kamera fährt extrem schnell auf den roten Knopf zu, mit dem der Stromstoß ausgelöst wird, dann folgt eine computersimulierte Fahrt mit dem fließenden Strom durch die Schaltkreise der Maschine und der Nadel hinein in Houses Kopf, die zuletzt endet mit einem Licht- beziehungsweise Weißblitz in den Synapsen in Houses Gehirn. Nach dem Weißblitz erscheint eine Art bewegte Negativaufnahme des Barkeepers in der Bar, von der aus auf eine normale Schwarz-Weiß-Aufnahme überblendet wird, allerdings ohne Ton, worauf House sogar explizit die Analogie zwischen Film und den mentalen Bildern in seinem Kopf anspricht:

HOUSE:	Can't hear him. (...) Everything's in black and white.
WILSON:	Who was talking? Is Amber there?
HOUSE:	You're supposed to be jolting my hypothalamus, not petting it.
CHASE:	We don't want to overload it.
HOUSE:	As long as I'm risking my life, I might as well be watching a talkie.

Im Anschluss an den zweiten Stromstoß folgt schließlich – dieses Mal nach einem einfachen Schnitt – Houses Erinnerung an die Busfahrt und das rätselhafte Symptom (Niesen beziehungsweise die darauf folgende Einnahme von Medizin gegen Grippe). Diese Erinnerung ist wieder in Farbe, der einzige verbleibende Unterschied zu der Serienwirklichkeit ist eine wesentlich wärmere, rötlichere Farbgebung im Gegensatz zu den eher bläulichen Bildern aus dem OP-Raum, in dem House sich befindet, sowie Wilson, der sich immer wieder in Houses Erinnerung im Chirurgenkittel mit diesem unterhält, ohne dass Wilson jedoch wahrnimmt, was in Houses Erinnerung passiert (er hört ja eigentlich nur von außen, was House ihm im OP-Raum erzählt).

Ähnlich wie die Darstellung von Houses unbewussten Gedanken in „House's Head" und „Wilson's Heart" funktioniert diese Sichtbarmachung mentaler Vorgänge auch während den letzten Folgen der fünften Staffel. Es werden wiederholt psychoanalytische Konzepte (beziehungsweise populäre Vorstellungen[259] von Freuds Psychoanalyse) aufgegriffen, denn ab dem Ende der Folge „Saviors" (S05E21) hat House als Nebenwirkung seines Vicodin-Konsums Halluzinationen: Er wird von Amber verfolgt.

---

[259] So spricht zum Beispiel House fälschlicherweise wiederholt von ‚subconscious', obwohl nach Freud ‚unconscious' (‚das *Un*bewusste' im Gegensatz zum *Unter*bewussten) der korrekte Begriff wäre.

Sie ist wie die unbekannte Frau in „House's Head" eine Personifikation seines eigenen Unbewussten. Houses Gedanken spalten sich also auf, einerseits in seine bewussten, und andererseits in seine unbewussten Gedanken, letztere in der Person von Amber (die nächste Folge trägt bezeichnenderweise auch den Titel „House Divided" (S05E22)). Anders als in den halluzinierten Erinnerungen besteht aber in der formalen Inszenierung kein Unterschied zwischen der Darstellung von Amber und der Darstellung ‚wirklich' vorhandener Personen, außer dass Amber von niemandem wahrgenommen wird als von House selbst.

Amber gibt nun House in „House Divided" immer wieder mal mehr, mal weniger versteckte Hinweise, die zur Lösung des Rätsels führen sollen. So sagt sie zu House während der ersten Differentialdiagnose „The limp leading the blind", was House zu dem Zeitpunkt aber noch gar nicht als Hinweis interpretiert – erst als der Patient auf einem Auge blind wird. Darauf unterhält er sich mit Amber:

HOUSE:	How did I know he was gonna go blind? (...)
AMBER:	C-reactive protein. I noticed in his file it was slightly elevated. I figured the stress of the seizure lab would drive inflammation even higher. (...)
HOUSE:	That's a lot clearer than "the limp leading the blind."
AMBER:	It was just a glimmer. I couldn't put it into words.
HOUSE:	It was a long shot. I don't even remember the c-reactive protein level.
AMBER:	Obviously you do. You just don't know it.
HOUSE:	How high is K2?
AMBER:	I don't know.
HOUSE:	Me neither. But I read a book about it years ago. Fierce, sexy Sherpa on the cover, bending over...
AMBER:	28.251 feet.
HOUSE:	Cool. An all-access pass to my own brain.

Die besonderen Fähigkeiten von House als Detektiv gründen also unter anderem auf einer außergewöhnlichen Gedächtnisleistung, worauf House (beziehungsweise sein Bewusstsein) aber anscheinend nur begrenzten Zugriff hat. Sein Unbewusstes dagegen scheint ein „all-access pass" zu allen seinen Erinnerungen zu sein, was wiederum an Freuds Metapher vom Gedächtnis als ‚Wunderblock' oder ‚Zaubertafel' erinnert[260], bei der die obere Schicht aus Wachs immer wieder gelöscht werden kann und damit aufnahmefähig für Neues ist, während sich unter dem Wachs bleibende Erinnerungsspuren halten. Dabei sind diese Spuren teilweise „für das Bewusstsein nicht

---

[260] Vgl. Draaisma Douwe, „Gehirn und Gedächtnis," in: *Gehirn und Denken. Kosmos im Kopf.* Hg. Deutsches Hygiene-Museum (Ostfildern: Hatje Cantz, 2000), S. 184 - 187.

mehr aufrufbar"[261] – House kann sie sich aber in diesem Fall über Amber, sein Unbewusstes, wieder ins Bewusstsein rufen. Analog dazu ‚erinnert' Amber House während einer weiteren Differentialdiagnose an einen Fall aus seiner Studienzeit, den er anscheinend längst ‚vergessen' hat. An dieser Stelle findet sich auch die einzig auffällige, formale Besonderheit seiner Halluzination: Als House mit Amber und seinem Team an einem großen Tisch sitzt und sich schließlich mit Amber über ebendiesen Fall unterhält, erscheint für kurze Zeit die Welt um Amber und House herum in Schwarz und Weiß, nur sie beide sind noch in Farbe. Außerdem lässt sich ein verstärkter auditiver POV ausmachen („where we hear from the character's point in space" beziehungsweise „where we hear something only the character hears"[262]), da man nur die Stimmen von House und Amber verstehen kann, während die anderen Mitglieder des Teams sowie andere ‚reale' Geräusche nur sehr leise und gedämpft zu hören sind. Direkt danach wird diese Erfahrung sogleich als eine Fokussierung von Houses Aufmerksamkeit, also wieder als eine Art Versenkung, interpretiert:

| HOUSE: | What the hell just happened? Everything started to fade away. |
| AMBER: | You're getting better at focusing. Ignoring everything that doesn't matter. |

Wie bei der Traumarbeit kann Amber aber oft nur indirekt Hinweise geben. Diese sind dabei entweder sprachlicher Natur (entgegen ihrer eigenen Aussage „I couldn't put it into *words*"[263]) oder eben visuell umgesetzt. So erscheint sie House einmal mit drei *bowling pins* in den Armen:

FOREMAN:	How did you know about the neuropathy?
HOUSE:	Good question.
FOREMAN:	Enough with the riddles.
HOUSE:	Tell me about it.
AMBER:	Think ‚wrestling record'.
HOUSE:	Juggling. No, pins. Three pins. Patient was pinned in his last three matches. Leading up to that he was 15 and 0. I figured his balance was off from diminished sensation.

Eine Aktivität beim Wrestling (*to pin someone*) wurde also visuell als drei Bowlingkegel umgesetzt (eine Verschiebung im Sinne von Freuds Traumarbeit), die den drei ‚pins' in den Wrestlingberichten des Patienten entsprechen, und die House anscheinend nur unbewusst als Anomalie wahrgenommen hat. Ebenso verhält es sich, als Amber vor seinen Augen ein Feuerzeug anzündet (ein Hinweis auf eine Krankheit,

---

[261] Ebd., S. 187.
[262] Branigan: *Point of View in the Cinema*, S. 94.
[263] „House Divided" (S05E22).

die bei Hitzeeinwirkung ausbricht – ‚Feuer' steht also, beruhend „auf der *metonymischen Funktion* der Sprache"[264], für ‚Hitze').

Das Zeigen mentaler Bilder aus Houses Kopf mit Hilfe von Amber als Personifikation von Houses Unbewusstem wird allerdings nicht lange aufrecht erhalten (in der letzten Folge der fünften Staffel taucht Amber nur noch kurz am Ende auf), da House herausfindet, dass sie ihm zwar Hinweise aus seinem Unbewussten gibt, sie damit aber auch die Erfüllung seiner latenten, „zutiefst ‚asozialen' Wünsche"[265] bezweckt. Als populäre und stark vereinfachende Bezugnahme auf Freuds Psychoanalyse wird hier das Unbewusste (eigentlich unzulässigerweise) gleichgesetzt mit dem ‚Es', das für Houses Triebe und unerfüllte oder verdrängte[266] (sexuelle) Wünsche sowie uneingestandene Schuldgefühle steht, die „gegen eigene Moralvorstellungen verstoßen"[267]. House wirft Amber zum Beispiel am Ende von „House Divided" (S05E22) vor: „You tried to kill Chase. I need to push you back down. You're dangerous." Letztendlich ist auch die Tatsache dass Houses Unbewusstes gerade in der Form von Amber auftritt ebenfalls Ausdruck seiner unterdrückten Emotionen (nämlich Schuldgefühle für ihren Tod).

3.1.5 Was verborgen bleibt

Trotz all dieser Versuche, die Vorgänge in Houses Kopf visuell als mentale Bilder umzusetzen, bleibt der entscheidende Augenblick, in dem House die Lösung meist plötzlich wie eine geistesblitzartige Erleuchtung ereilt, in ihm verborgen. Da die bereits beschriebenen Visualisierungen von Houses (Un-) Bewusstsein mit Hilfe von Amber oder auch seine halluzinierten Erinnerungen (auch wenn sie mentale, subjektive Bilder sind) fast immer wie eine neutrale Referenznarration aussehen (was hier aber nicht der Fall ist) und House deshalb selbst als Person darin agiert, tappt man immer wieder in die „Homunkulus-Falle"[268]. Bewusstsein wurde früher in der Neurologie als eine Art Film im Gehirn verstanden, den wiederum ein kleiner Mensch in diesem Gehirn vorgeführt bekommt:

---

[264] Raguse, „Traumdeutung in der Tradition von Siegfried Freud," S. 36. Hervorhebung im Original.
[265] Ebd., S. 35.
[266] Als House in „Under My Skin" (S05E23) glaubt, Amber durch einen selbstinduzierten Insulinschock losgeworden zu sein, antwortet er auf die Frage, ob sie wirklich weg ist: „Absolutely. I can feel myself repressing all kinds of icky things."
[267] Habermas, „Psychoanalyse als Erinnerungsforschung," S. 68.
[268] Antonio R. Damasio: *Ich fühle, also bin ich. Die Entschlüsselung des Bewusstseins*. München: List, 2000, S. 36.

> Es gibt keinen Homunkulus, weder metaphysisch noch im Gehirn, der als Zuschauer im cartesianischen Theater sitzt und darauf wartet, dass die Objekte ins Licht treten. (...) So sieht sich die Neurobiologie des Bewustseins zumindest zwei Problemen gegenüber: der Frage, wie der Film-im-Gehirn erzeugt wird, und der Frage, wie das Gehirn das Gefühl erzeugt, dass es einen (...) Beobachter dieses Films gibt.[269]

Bei den mentalen Bildern in *House* ergibt sich jetzt aber genau dieses Problem: House spielt sozusagen in seinem eigenen Gehirn-Film mit, wodurch das, was dieser Gehirn-Film eigentlich sichtbar machen soll (die direkte Visualisierung von Bewusstseinsvorgängen), gerade wieder in Houses Kopf verschoben wird, dieses Mal allerdings in den Kopf von Houses *Homunkulus* – unsichtbar für die Kamera und den Zuschauer, was sich wie bei einer *Mise en abyme* beliebig fortsetzen ließe und damit die potentielle Sichtbarmachung des Unsichtbaren ins Unendliche verschiebt. Sowohl in den mentalen Sequenzen als auch in der Serienrealität bleibt die entscheidende Eingebung, also die abduktiv gefolgerte neue, kreative Lösung (oder Teillösung) des Rätsels, verborgen. Es findet eine Wendung nach Innen statt, die sich mit Branigans Beschreibung des *gaze* deckt:

> The gaze is that familiar form of character vision where a character instead of glancing at an object, glances *inward* and becomes introspective. (...) a character (...) begins to stare (at ‚nothing'), his eyes glaze over, he falls silent or his speech becomes distracted, and the camera dollies-in to a close-up; for the object of a gaze is inward, one of dream, or memory.[270]

Von der ersten Folge an werden Houses Eingebungen genau so dargestellt: Er sieht oder hört einen Hinweis, der auf Außenstehende wie ein unwichtiges Detail oder ein komplett unzusammenhängendes Ereignis wirkt, daraufhin stockt House, sein Blick richtet sich nach innen, es setzt eine treibende Musik ein, die Kamera fährt auf ihn zu, er hört manchmal mitten im Satz auf zu reden und stürmt dann davon. Ein Beispiel sei hier genauer beschrieben: als er in „Clueless" (S02E15) einen goldenen Ring vom Boden aufhebt, betrachtet er zuerst den Ring, dann driftet sein Blick ins Nichts ab, und die Kamera fährt auf ihn zu. Schließlich verlässt er den Raum, überprüft noch einmal seine vorher anscheinend im Verborgenen stattgefundene Abduktion durch eine Folgededuktion („She has a family history of Arthritis, doesn't she"), und erklärt schließlich wenige Momente später, dass sein Hauptpatient von seiner Ehefrau mit Goldnatriumthiomalat (ein Goldsalz, das auch zur Rheumatherapie eingesetzt wird) vergiftet wurde.

---

[269] Ebd., S. 22f.
[270] Branigan: *Point of View in the Cinema*, S. 80.

Normalerwiese beruhen diese Eingebungen entweder auf vermeintlich nebensächlichen Details des Hauptfalls (die Patientin hatte Schinken bei sich im Kühlschrank[271], die Jeans des Patienten war neu[272], das Haustier ist gestorben[273]), die House zu einer neuen Hypothese führen, oder auf visuellen oder verbalen *clues*, die eigentlich gar nichts mit dem eigentlichen Fall zu tun haben, die House aber zur Lösung führen. Diese Hinweise funktionieren dabei meist ähnlich wie die Verschiebung bei der Traumarbeit, das heißt, House sieht oder hört etwas, was über einen oder mehrere Schritte beziehungsweise Verschiebungen abduktiv zu einer neuen Lösung führt (wie in „Clueless" die Schritte Ehering – Gold – Goldvergiftung, oder in „Damned If You Do" (S01E05) die Schritte Gott – Kreuz – kreuzförmiges Kupferimplantat). Houses Unbewusstes scheint also auch in ‚normalen' Folgen so zu funktionieren, wie es in den mentalen Bildern aus Houses Kopf schließlich visualisiert wird. Da dieser abduktive Prozess der Lösungsfindung immer im Inneren von House (oder seinem Homunkulus) verborgen bleibt und damit „einem radikal ins eigene Innere gekehrten Blick [entspringt], der zugleich der entscheidende Blick ins Außen ist"[274], bleibt auch bei House wie bereits beim ‚Detektiv der Moderne' das Entscheidende verborgen. Auch wenn es Otto für „weniger plausibel"[275] hält, so haftet House damit durchaus etwas von Zauber und Magie an[276]:

> (...) das intuitive Auge des ‚private eye' [bleibt] unseren Blicken beharrlich entzogen. Dadurch bleibt die detektivische Lösungsstrategie (...) ‚magische Prozedur', besser noch: sorgsam gehütetes Geheimnis einer ästhetischen Kreation. Sie ist damit aber auch jener infinite Punkt, der dem panoptischen Auge entzogen bleibt. Das eigentliche Rätsel des Detektivgenres besteht somit in der Verrätselung des modernen Blicks, von dem immer nur die Tagseite – nämlich die wissenschaftlich-technische Dimension – einsichtig gemacht wird. Der Rest bleibt im Dunkeln.[277]

Das Fernsehen verspricht hier zwar eine immer weitergehende, der Logik des Seriellen entsprechende Sichtbarmachung des Unsichtbaren (allein schon durch Ankündigungen eines Episodentitels wie „House's Head"), wird aber diesem Anspruch nie gerecht, da House zwar der ultimative, geniale ‚Sichtbarmacher' ist, aber auch und gerade in den Visualisierungsversuchen seiner Lösungswege immer wieder das Ent-

---

[271] „Pilot" (S01E01).
[272] „Poison" (S01E08).
[273] „Detox" (S01E11).
[274] Kirchmann, „The Private and the Public Eye," S. 194.
[275] Otto, „Countdown der Krankheit," S. 252.
[276] Wilson nennt House in „Poison" (S01E08) auch „The healer with his magic powers".
[277] Kirchmann, „The Private and the Public Eye," S. 194.

scheidende verborgen bleibt: „Im Moment der größten Sichtbarkeit (...) wird gerade die fortwährende Existenz des Unsichtbaren zur unbestreitbaren Tatsache"[278].
Auch auf der eigenen Darstellungsebene setzt sich dieses vorgebliche Visualisieren selbstreflexiv fort, denn in *House* wird erst einmal die vollständige Sichtbarmachung des unsichtbaren Inneren des Körpers suggeriert, sei es durch die übermäßig eingesetzten medizinischen Bildtechnologien oder durch die computersimulierten Fahrten in die Körper der Patienten: Letztere finden typischerweise statt, während entweder der Hauptpatient einen Anfall seiner Krankheit erleidet, und die Kamera zuerst auf den Körper zu und schließlich mühelos durch die äußere Begrenzung des Körpers in diesen hinein fährt (und zoomt) bis zur mikroskopisch vergrößerten ‚Problemzone', oder unter Houses Voice-over, wenn er retrospektiv den gelösten Fall auf- und seinem Team erklärt und das Verbrechen beziehungsweise den ‚Tathergang' schildert. Bei letzterem wird manchmal ein medizinisches Bild zum Ausgangspunkt dieser simulierten Kamerafahrt, die dann semi-dokumentarische Züge trägt: In „Pilot" (S01E01) zum Beispiel hat eine Patientin eine Bandwurmlarve im Bein, man sieht ihr Bein unter dem Fadenkreuz des Röntgengerätes, und mit einer Art (Weiß-) Blitz (ähnlich wie beim Blitz eines Fotoapparates) wird schnell zum fertigen Röntgenbild desselben Beins überblendet. Die Kamera fährt nun – wie bei den Körpern der Patienten – immer tiefer in das Röntgenbild hinein, bis der kleine, weiße Punkt auf der ‚eingefrorenen' Aufnahme zu einer weiterhin in Röntgenästhetik gehaltenen, aber als *lebendig*[279] animierten Bandwurmlarve wird, die den ganzen Bildschirm ausfüllt.
Die Serie demonstriert damit immer wieder den panoptischen Blick der ‚Polizei', der immer weiter in die Tiefe eindringt, ohne Grenzen zu kennen (physische Barrieren der Körper genauso wenig wie technische Barrieren, denn die Serie suggeriert in diesen Computeranimationen, dass sie alles darstellen und zeigen kann, in beliebiger Vergrößerung, an beliebiger Stelle) – und dass sie nicht nur immer weiter in die Tiefe der Körper, sondern sogar in die Tiefe der medizinischen Bilder eindringen kann. Gleichzeitig täuscht dieser allsehende Blick darüber hinweg, dass auch die Serie selbst ein Undarstellbares, eine Art optisches Unbewusstes hat, das – zumindest teilweise – verborgen bleibt. Als Beispiel soll die Amputation einer Hand aus der Folge „Humpty Dumpty" (S02E03) dienen: Während der Operation werden von dem

---

[278] Ebd., S. 196.
[279] Aus dem Kontrast zwischen dem eigentlich stillstehenden und oft ‚Tod' symbolisierenden Röntgenbild und der lebendigen Bandwurmlarve in demselben Röntgenbild bezieht diese Einstellung ihre seltsame, ‚unheimliche' Wirkung.

Schnitt zwischen Arm und Hand extreme Nahaufnahmen gezeigt, die zwar erkennen lassen, dass es sich um eine zu amputierende Hand und den abgesägten Knochen handelt, die aber aufgrund ihrer Vergrößerung und der Kadrierung einen abstrakten und damit nicht *zu* verstörenden Charakter haben. Als es dann soweit ist, die Hand wirklich vom Körper abzutrennen, wechselt die Kamera allerdings in den höhergelegenen Nebenraum des OP-Saals, von dem aus Cuddy durch eine Glasplatte hindurch die Operation verfolgt. In diesem Nebenraum hängt eine Art Fernsehbildschirm, der live Bilder aus der Vogelperspektive aus dem OP-Saal zeigt. Die eigentliche Amputation der Hand wird nun nicht direkt gezeigt, sondern lediglich auf dem Fernsehbildschirm im Hintergrund dieses Nebenraums – diese zusätzliche Mediatisierung des Fernsehbildes (also ein Fernsehbild im Fernsehbild) findet auch in anderen Folgen bei Operationen immer wieder statt und dient als ‚Schreckensminderung', um das Undarstellbare ins Sichtbare einzugliedern. Wie bei House und der *Mise en abyme* mit seinem Homunkulus wird das eigentlich darzustellende Undarstellbare wieder nur auf die nächste Ebene geschoben, in den nächsten (Fernseh-) Bildschirm, und entzieht sich damit doch – zumindest teilweise – fast schon widerspenstig der uneingeschränkten Sichtbarkeit, welche die Serie mit der immer wiederkehrenden Demonstration des panoptischen Blicks vorgibt ermöglichen zu können. Es bleibt also der Fernsehserie wie dem Film „auferlegt, das Feld der sichtbaren Erscheinungen panoptisch zu sezieren; es bleibt ihm aber auch (...) auferlegt, gegen diese eigenen Ausgangsbedingungen die Option des Unsichtbaren immer wieder in ihr Recht einzusetzen"[280]. Man könnte aber auch sagen, um noch einmal auf Kirchmanns zweite Blickbeschreibung einzugehen, dass durch diese potentiell ins Unendliche gehenden Verschiebungen der Sichtbarmachung des Unsichtbaren (in den nächsten Homunkulus, in den nächsten Fernsehbildschirm) letztlich wirklich nur noch die „gehaltlose Evidenz der Oberfläche bleibt"[281] – das Versprechen der Sichtbarmachung wird solange aufgeschoben, bis die Bilder am Ende „leer, geheimnislos, völlig sinnentleert"[282] sind. Das Unsichtbare wird zwar vorgeblich dem Sichtbaren zugeführt, und doch ist dieses vermeintlich Unsichtbare nur eine leere Hülle, nur Fassade, das Entscheidende bleibt verborgen. Ruft man sich hier wieder Rancières zwei Arten der stummen Sprache in Erinnerung, so verkörpert House als Detektiv interessanterweise beide Arten der stummen Sprache, die Rancière als das ästhetische Unbewusste be-

---

[280] Kirchmann, „The Private and the Public Eye," S. 199.
[281] Ebd.
[282] Ebd.

ziehungsweise das ästhetische Regime der Künste beschreibt: „(...) on the one hand, a speech written on the body that must be restored to a linguistic signification by a labor of deciphering (...); on the other, the voiceless speech of a nameless power that lurks behind any consciousness and signification (...)."[283]

3.1.6 *House* mit Rancière und Deleuze

Auch mit anderen Begrifflichkeiten Rancières verwehrt sich House in seiner Tätigkeit als Detektiv einer reduktionistischen Deutung[284] als reiner „Handlanger rationaler Allmacht"[285] – denn seine Hauptaufgabe besteht ja gerade darin, Dinge aus dem unverständlichen Lärm herauszufiltern, mit Sinn zu versehen und damit ins Sichtbare, in den Bereich des Wahrnehmbaren zu überführen und schließlich zu einer Neuaufteilung des Wahrnehmbaren beizutragen: „(...) dieser Einspruch gegen die Grenzen und Begrenzungen dessen, was als gemeinschaftlich geteilte Welt wahrnehmbar ist, stellt für Rancière die genuin ästhetische Aktivität dar" und ist damit eine „Ausformung des (...) genuin Politischen"[286] (,Politik' hier im Rancièrschen Sinne). Auch Foucault sprach speziell im Zusammenhang von Arzt und Patient bereits von einem Rauschen[287] (der Organe, der Krankheit), welches es als Arzt gilt, in eine Botschaft zu übersetzen. Demnach hört House also nicht nur Botschaften der Körper und der medizinischen Bilder, die andere, ,normale' Ärzte (beziehungsweise die *Polizei* im doppelten Sinne, einmal als Begrifflichkeit Rancières, einmal als Gegenpol zum Detektiv) nur als Rauschen identifizieren, sondern er macht auch – wie bereits Freud – „aus den *sprachlichen* Äußerungen der Patienten, die vordem als bloßes Rauschen galten, etwas (...), das wie eine Botschaft behandelt"[288] werden muss – wenn House zum Beispiel Dinge aufschnappt und mit Bedeutung versieht, die für die ,Polizei' unwichtige Details (und damit Teil des Rauschens) sind.

Betrachtet man *House,* also die Serie als Ganzes, wiederum als – wie bereits be-

---

[283] Rancière: *The Aesthetic Unconscious*, S. 41.
[284] Wie bei Kracauer (Siegfried Kracauer: *Der Detektiv-Roman. Ein philosophischer Traktat.* Frankfurt am Main: Suhrkamp, 1979.) – oder auch bei Isabell Otto die Reduktion auf den „'kalten', technischen Blick der Abstraktion" (Otto, „Countdown der Krankheit," S. 252.).
[285] Kirchmann, „The Private and the Public Eye," S. 185.
[286] Hermann Kappelhoff, „'Ein Denken, das unmittelbar Gefühl, und ein Fühlen, dass...'. Utopie Film: R. W. Fassbinder und die Frage nach einer 'Politik der Form'," in: *Das Streit-Bild. Film, Geschichte und Politik bei Jacques Rancière.* Hg. Drehli Robnik, Thomas Hübel, und Siegfried Mattl (Wien: Turia + Kant, 2010), S. 163.
[287] Vgl. Michel Foucault, „Botschaft oder Rauschen?," in: *Botschaften der Macht. Der Foucault-Reader. Diskurs und Medien.* Hg. Jan Engelmann (Stuttgart: DVA, 1999), S. 140 - 144.
[288] Ebd., S. 142. Eigene Hervorhebung.

schrieben – Kompensation für Folgeprobleme der Moderne, so könnte man auch sagen, dass sich hier „die Kunst selbst (...) als ein (...) Einspruch gegen die Ordnung der Wahrnehmungswelt deklariert"[289]: nämlich als eine Art symbolischer Einspruch gegenüber dem panoptisch-technologischen Blick, der gerade in der Medizin alles sichtbar und wahrnehmbar werden lässt, und doch das eigentlich Wichtige (in den Bildern, auf den Körpern) immer übersieht, weshalb das Arzt-Detektiv-Universalgenie als einzig kompetenter Zeichenleser dies symbolisch ausgleichen muss und schließlich die Kontrolle des Menschen über die Technik zurückgewinnt, und auch sprachliche Äußerungen der Patienten wieder aus dem Rauschen herausführt und gehaltvolle Botschaft werden lässt. In diesem Sinne macht die Serie hier „wahrnehmbar, was ohne sie nicht wahrnehmbar wäre"[290], und sie artikuliert auch „einen Anspruch darauf (...), wahrgenommen zu werden"[291] – womit man über den Film als „Feld medialer Möglichkeiten der Erfahrung sozialer Realität"[292] wieder bei Rancières Politik des Ästhetischen und dem ästhetischen Regime der Künste angelangt ist. Denn auf der Inhaltsebene thematisiert *House* genau den Unterschied des repräsentativen und des ästhetischen Regimes der Künste, wie ihn Rancière in *The Aesthetic Unconscious* beschreibt, nämlich Hierarchien auf der einen, Gleichheit auf der anderen Seite. Detektiv, Psychoanalytiker sowie eben auch House als Arzt und Universalgenie heben ja gerade die Hierarchien der Wichtigkeit auf, indem vermeintlich nebensächliche Details relevant werden, zu Spuren und Botschaften werden – alles wird (potentiell) wichtig, es gibt keine unwichtigen Details:

> (...) the ordinary becomes beautiful as a trace of the true. And the ordinary becomes a trace of the true if it is torn from its obviousness in order to become a ‚hieroglyph' (...). This (...) dimension of the true (...) belongs to the aesthetic regime of arts.[293]

Es ist bezeichnend, dass bereits in der ersten Folge „Pilot" (S01E01) Foreman nach der Durchsuchung der Wohnung der Patientin behauptet, er hätte nichts Wichtiges gefunden, was die Symptome erklären könnte – und House antwortet: „You said nothing that would explain these symptoms. What did you find that doesn't explain these symptoms?" – wodurch House mit dem von der ‚Polizei' als unwichtig erachteten, nur als ‚Rauschen' wahrgenommenen Detail (der Schinken im Kühlschrank)

---

[289] Kappelhoff, „Utopie Film," S. 163.
[290] Grampp und Kirchmann, „Der Arzt als Zeichenleser," S. 182.
[291] Kappelhoff, „Utopie Film," S. 163.
[292] Ebd., S. 165.
[293] Rancière: *The Politics of Aesthetics*, S. 34.

dann schließlich den Fall löst.

Doch nicht nur House als Figur innerhalb der Serie, sondern auch die Serie selbst ist im Feld der ‚ästhetischen Politik' zu verordnen, da sie die „relationship between the visible, the sayable, and the thinkable"[294] laufend thematisiert, stört und neu definiert: Die Darstellung von Houses Imagination in der Serie bewegt sich genau in diesem Feld des Sichtbaren, Sagbaren, Denkbaren, wie es typisch für das Detektivgenre ist, in dem „der Geltungsbereich des Visuellen, des Sichtbaren und des Unsichtbaren neu ausgelotet"[295] wird. Alles scheint sagbar zu sein, denn alles ist lösbar, solange House nur ein Team hat, mit dem er in einen sprachlichen Dialog[296] treten kann, und doch verstummt die Sprache im entscheidenden Moment, wenn House das Entscheidende, das Unsagbare denkt, das anscheinend auch nicht in Bildern umzusetzen ist: „(...) that which resists signification"[297]. Die Kamera überschreitet mühelos die Grenzen der Körper, sie dringt in das eigentlich Unsichtbare ein („new forms of visibility"[298]), und es scheint ja sogar so, dass sie auch die Grenzen des Gehirns überwinden könnte und direkt das Denken sichtbar machen kann, bleibt aber immer dem Unsichtbaren und Verborgenen verhaftet. Die Serie ist demzufolge beteiligt an einem „recasting of the distribution of the sensible, a reconfiguration of the given perceptual forms"[299].

Bei der Inszenierung von Houses Unbewusstem wird auch exemplarisch deutlich, was Rancière als ‚identity of opposites' und der Einheit von „thought and non-thought"[300], von „knowing and not knowing"[301] sowie „von Kunst und Wissenschaft"[302] beschreibt – House weiß und gleichzeitig weiß er nicht, er steht für Rationalität *und* künstlerisch-kreative Imagination:

HOUSE:	It was a long shot. I don't even remember the c-reactive protein level.
AMBER:	Obviously you do. You just don't know it.

Rancière schreibt dazu schließlich:

---

[294] Ebd., S. 63.
[295] Kirchmann, „The Private and the Public Eye," S. 175.
[296] Dass House diesen ‚Input' anderer braucht, wird immer wieder in der Serie thematisiert. Interessanterweise gilt dieser Inputzwang aber nur für die jeweiligen ‚falschen' Zwischendiagnosen, die ja mehrmals in einer Episode gestellt werden – zur wirklichen Lösung des Falls am Ende einer Folge ist House dagegen meist problemlos alleine fähig, wie zum Beispiel in „Meaning" (S03E01).
[297] Rancière: *The Politics of Aesthetics*, S. 63.
[298] Ebd., S. 65.
[299] Ebd., S. 63.
[300] Rancière: *The Aesthetic Unconscious*, S. 4.
[301] Ebd., S. 19.
[302] Rancière, „Die Geschichtlichkeit des Films," S. 222.

Diese Äquivalenz von Innerem und Äußerem, von Geistigem und Materiellem, von Wissenschaftlichem und Sentimentalen (...) nennt sich ganz einfach *ästhetisch*. Und genau das bedeutet die ‚ästhetische' Macht des Films.[303]

Da Rancière den Film als Einheit von ‚thought and non-thought', von dem ‚unbewussten' Aufzeichnen der Kamera und dem ‚bewussten' Prozess der Montage, von Aktivität und Passivität betrachtet, ist man damit schließlich wieder beim Film selbst als *der* Kunst des ästhetischen Regimes angekommen, sowie bei der Frage nach der Selbstdurchkreuzung des Films.

Drehli Robnik wirft hierzu in der Einleitung zu seiner Aufsatzsammlung *Das Streit-Bild* die interessante Frage auf, ob sich „eine Analogie dergestalt entfalten [ließe], dass das Verhältnis zwischen Bewegung und Zeit bei Deleuze dem zwischen Polizei und Politik bei Rancière entspricht", womit die „Bewegungsorganisation quasi die Polizei des Bildes"[304] wäre. Natürlich ist eine solche Analogie gerade angesichts der Komplexität der beiden Theorien nicht tragbar, und stößt – wie Robnik selbst schreibt – „schnell auf innere Grenzen und Widersprüche"[305]. Trotzdem erscheint es sinnvoll, ohne eine vollständige Analogie zu verfolgen, zumindest in Ansätzen[306] auf die Relation von Politik/Ästhetik, Polizei/Repräsentation sowie Zeit/Bewegung einzugehen. Rancière selbst bringt in *Film Fables* das, was Deleuzes die reine optisch-akustische Situation[307] genannt hat, in Verbindung mit der ‚thwarted fable': „But these ‚pure' situations are not the rediscovered essence of the image: they are the result of those operations whereby the cinematographic art thwarts its own powers"[308], und Robnik sieht in Deleuzes Situationen wiederum Rancières „Sprache der stummen Dinge"[309]. Diese Momente der Selbstdurchkreuzung finden sich bei *House* zum Beispiel dort, wo versucht wird, Denkprozesse abzubilden und vom klassischen Erzählkino abzuweichen – also vor allem beim Denken, bei der Vorstellungskraft und der Imagination des Detektivs, auch wenn diese letzten Endes durch den nach Innen gerichteten Blick (von House, von seinem Homunkulus) verborgen bleibt.

---

[303] Ebd., S. 221.
[304] Drehli Robnik, „Einleitung: Streit, Zeit, Bild. Zu Jacques Rancières Film-Schriften im Licht seiner Politiktheorie," ebd., S. 17.
[305] Ebd.
[306] Es wäre sicherlich ein fruchtbarer theoretischer Forschungsansatz, ausgehend von Robniks *Das Streit-Bild* die Parallelen in den Werken von Deleuze und Rancière vor allem in Bezug auf das Zeit-Bild ausführlicher zu untersuchen, dies kann und soll hier jedoch nur sehr eingeschränkt Teil dieser Analyse sein.
[307] Vgl. Gilles Deleuze: *Das Zeit-Bild. Kino 2*. Frankfurt am Main: Suhrkamp, 1991, S. 11 - 31.
[308] Rancière: *Film Fables*, S. 12.
[309] Robnik: *Film ohne Grund*, S. 42.

In „Distraction" (S02E12) kommt House zum Beispiel auf die Lösung des Falls, als er während eines LSD-Rausches seinen Geist vollkommen freien Lauf lässt (auch hier wird allerdings gerade nicht der Moment gezeigt, in dem er auf die Lösung kommt, sondern nur das freie Spiel seiner Gedanken *bevor* ihn die ‚glückliche Abduktion' ereilt). So wie House in diesem Moment von der Serienwelt und ihrer sensomotorischen Verkettung losgelöst ist, ist es auch der Zuschauer, der – wie House – während des Trips nur noch farbige Tropfen und psychedelische Muster sieht[310] (House sagt später „I saw music").

Houses Halluzinationen seiner eigenen Erinnerungen beziehungsweise seines Gedächtnisses wiederum lassen sich als ästhetisch im Rancièrschen Sinne einordnen, als ein Zusammenfallen der Gegensätze Außen/Innen, von Erinnerung und Gedächtnis, Vergangenheit und Gegenwart, oder auch Aktualität und Virtualität. Damit vereinen sie in sich Merkmale des Deleuzeschen Zeit-Bildes (man könnte sagen, des Kristall-Bildes, zumindest in Bezug auf die zeitliche Verschachtelung):

> Das Gedächtnis ist (...) kein Erinnerungsvermögen mehr: es ist die Membran, die auf verschiedenste Weisen (...) die Schichten der Vergangenheit mit den Schichtungen der Wirklichkeit korrespondieren läßt, wobei die ersten aus einem immer schon bestehenden Innen erwachsen und die zweiten aus einem Außen hinzukommen, das stets im Kommen begriffen ist, während beide Schichten die Gegenwart, die nur noch Ort ihres Zusammentreffens ist, zersetzen.[311]

Wie House als Detektiv mit seinen oft unmoralisch und destruktiv anmutenden Arbeitsweisen (man könnte auch sagen, seinem politischen Vorgehen im Sinne von „einer Entbindung von einem polizeilich zugewiesenem Platz, einer Grenzüberschreitung von sozialen Demarkationslinien"[312]) in die Ordnung der Polizei (also der Krankenhausärzte) eintritt, um diese immer wieder zu unterwandern, handelt es sich auch bei *House* als Serie und Film „um einen Eintritt, der sich der Ordnung stellt und dadurch diese herausstellt, was ein Schritt zu deren Durchkreuzung ist"[313], also zur Selbstdurchkreuzung bei Rancière – und genau hier „zeichnet sich eine (...) Parallele

---

[310] Es handelt sich hier zwar nicht um eine ‚echte' optische Situation im Sinne von Deleuze, die abstrakten Bilder des LSD-Rausches tragen aber durchaus einzelne Züge davon mit sich: „(...) die Figur wird selbst gewissermaßen zum Zuschauer. (...) Kaum zum Eingriff in eine Handlung fähig, ist sie einer Vision ausgeliefert (...)." Deleuze: *Das Zeit-Bild. Kino 2*, S. 13.
[311] Ebd., S. 267.
[312] Sulgi Lie, „Dissensuelle Montage. Zur Politik der filmischen Montage bei Jacques Rancière," in: *Das Streit-Bild. Film, Geschichte und Politik bei Jacques Rancière*. Hg. Drehli Robnik, Thomas Hübel, und Siegfried Mattl (Wien: Turia + Kant, 2010), S. 80.
[313] Robnik: *Film ohne Grund*, S. 80.

zwischen ihm und Deleuze ab"[314], wie Robnik schreibt.

War der Detektiv also Ende des 19. Jahrhunderts eine so erfolgreiche Figur, weil er Sichtbarkeit(en) im Zeitalter des aufkommenden Panoptismus neu verhandelt hat, so ist er das jetzt wieder, da sich diese All-Zu-Sichtbarkeit durch neue (medizinische) Bildtechnologien kompromisslos bis in die Tiefen unserer Körper und Gehirne ausgeweitet hat – und House in seiner Aufgabe als Detektiv mit einer ästhetischen Neuverteilung des Wahrnehmbaren wiederum sicherstellt, dass es noch ein Unsichtbares gibt: einen Rest von ‚magischer' Unsicherheit, den keine Maschine beziehungsweise keine Kamera oder Computersimulation darstellen kann, und welcher der Polizei nicht zugänglich ist, unsichtbar bleibt und damit die Überlegenheit des Individuums über die Maschinen gewährleistet und symbolisch verhandelt. Grob vereinfacht lässt sich dabei auch durchaus eine Art „Polizei des Bildes"[315] unter dem Regime der Repräsentation ausmachen, welche die sensomotorische Verkettung des Erzählkinos bewahrt, und gegen das sich in einem Spannungsfeld Denk- beziehungsweise Zeit-Bilder positionieren, die als der scheiternde Versuch der Sichtbarmachung des Unsichtbaren (nämlich die Imagination des Detektivs) die Narration durchkreuzen und dem ästhetischen Regime zuzuordnen sind.

---

[314] Ebd., S. 83.
[315] Robnik, „Streit, Zeit, Bild," S. 17.

3.2 Sherlock

3.2.1 Der Detektiv des 21. Jahrhunderts: *Sherlock*

Im Gegensatz zu *House* ist die BBC-Serie *Sherlock* eine offensichtliche Adaption beziehungsweise ein explizites Remake des Sherlock Holmes-Stoffes in einem neuen Kontext: John Watson und Sherlock Holmes agieren darin nämlich nicht mehr im London des 19. Jahrhunderts, sondern im London von heute. Bisher sind zwei Staffeln mit je drei Episoden[316] erschienen, die sich mit je 90 Minuten Länge an der Grenze zwischen (Fortsetzungs-) Film und Serie bewegen. Die Parallelen zur Romanvorlage sind stellenweise sehr explizit, sei es die Adresse (sie wohnen natürlich in 221B Baker Street) oder andere Hauptfiguren aus den Romanen (Mrs. Hudson, Lestrade, Moriarty, Mycroft, Irene Adler). Die Titel einiger Episoden sind zum Teil fast identisch mit denen von Doyle („The Hounds of Baskerville"), andere sind (teils ironische) intertextuelle Anspielungen auf Titel oder Vorkommnisse darin („A Study in Pink", „A Scandal in Belgravia", „The Reichenbach Fall"). Die einzelnen Episoden greifen schließlich meist auf verschiedene Einzelgeschichten Doyles gleichzeitig zurück, vermischen diese, fügen Neues hinzu, aktualisieren die Handlung[317] oder spielen gezielt mit den Erwartungen der Zuschauer und deren Vertrautheit mit Doyles Romanen: In der allerersten Folge „A Study in Pink" hat zum Beispiel eines der Mordopfer das Wort ‚RACHE' in den Boden gekratzt, wie in „A Study in Scarlet" von Doyle – während Sherlock Holmes bei Doyle dieses als deutsches Wort erkennt, ist es in *Sherlock* Anderson von Scotland Yard, der dies anmerkt – was aber sogleich von Sherlock widerlegt wird (sie hat nämlich ‚Rachel' geschrieben, den Namen ihrer Tochter). Watson führt in *Sherlock* nun auch einen Blog[318] (statt der Niederschrift per Hand), in dem er von seinen Abenteuern und den Fällen mit Sherlock berichtet, allerdings ist nur die letzte Folge der zweiten Staffel („The Reichenbach Fall") wirklich

---

[316] Der Übersicht halber einmal der Reihe nach geordnet sind diese sechs Folgen „A Study in Pink", „The Blind Banker", „The Great Game" sowie „A Scandal in Belgravia", „The Hounds of Baskerville" und „The Reichenbach Fall".

[317] So ist Watson in „A Study in Pink" wie Watson bei Doyle gerade aus dem Afghanistan-Krieg zurückgekehrt – nur dass es sich hierbei um einen aktuelleren und nicht um den zweiten Anglo-Afghanischen Krieg (1878-1880) handelt.

[318] Es wird auch erwähnt, dass Watson darin über Fälle schreibt, die in der Serie selbst nur angedeutet werden, mit Titeln wie „The Geek Interpreter" oder „The Speckled Blonde". Diese Fälle sind dann auch tatsächlich in einem Blog unter www.johnwatsonblog.co.uk nachzulesen, und auch Sherlock hat eine ‚real' zu erreichende Webseite: www.thescienceofdeduction.co.uk. Ganz im Sinne des ästhetischen Regimes fallen hier also zwei weitere Gegensätze zusammen, nämlich Fiktion und Realität.

aus Watsons Perspektive (rückblickend) erzählt.

Doch so explizit die Anspielungen sind, die Struktur der Serie unterscheidet sich – auch aufgrund der Spielfilmlänge – doch deutlich von der formelhaften Episodenstruktur bei *House* oder den Geschichten von Doyle. Es gibt keine einheitliche, strenge Formel, nach der jede Episode abläuft, man könnte höchstens in der ersten Staffel noch von formelhaften Wiederholungen *innerhalb einer Episode* sprechen, da in „A Study in Pink", „The Blind Banker" sowie „The Great Game" jeweils Serienmorde aufzuklären sind, die während derselben Episode zwangsläufig immer nach demselben Muster geschehen. Allerdings entwickelt sich *Sherlock* mit dem Ende der ersten Staffel zum *serial*, von anfänglicher abgeschlossener Episodenstruktur hin zu einem Hybrid aus Episoden- und Fortsetzungsserie, was vor allem durch den episodenübergreifenden Kampf gegen Sherlocks Erzfeind, Jim Moriarty, passiert. Die erste Staffel endet dementsprechend auch mit einem *cliff-hanger*, einem vorläufigen Showdown zwischen Moriarty und Sherlock, an den die zweite Staffel schließlich nahtlos mit der Handlung anknüpft.

In seinen Eigenschaften als Detektiv ist Sherlock wie auch House sehr nah am ursprünglichen Sherlock Holmes: Er wird manchmal als leicht autistisch beschrieben, als Soziopath, aber auch als Genie, als weit überdurchschnittlich intelligent, mit einem hervorragenden Gedächtnis, er ist zu Tode gelangweilt ohne intellektuelle Stimulation durch Kriminalfälle („All that matters to me is the work. Without that my brain rots"[319]), und er begibt sich zum Nachdenken stundenlang in Versenkung, zum Beispiel durch das Spielen auf der Violine oder mit einem Ball, den er gegen die Wand wirft (genau wie House in „Failure to Communicate" (S02E10)), oder durch Drogen (wobei es sich dabei in *Sherlock* weder um Opium noch um Vicodin handelt, sondern um Nikotinpflaster und Zigaretten).

3.2.2 Inszenierungen von Sherlocks Blick

Dementsprechend beherrscht Sherlock auch den berühmten ‚analytischen' Blick aus den Sherlock Holmes-Romanen, den ja auch House in den Ambulanzfällen anwendet und mit dem Sherlock wieder von sichtbaren Zeichen an der Oberfläche der Dinge oder der (toten wie lebendigen) Körper abduktiv auf bestimmte Vorkommnisse oder Tatbestände schließen kann. Ebenso wie bei *House* und dem ursprünglichen Sherlock Holmes wird dieser Blick bei *Sherlock* gleichzeitig als überaus rational und als für

---

[319] „The Great Game".

Außenstehende magisch dargestellt (als eine „magische Inszenierung der Vernunft")[320], wie zum Beispiel in einer Szene in „The Blind Banker":

SEB:	(*zu Sherlock*) You're doing that thing. (*zu John*) We were at uni together, and this guy here - he had this trick he used to do.
SHERLOCK:	It's not a trick.
SEB:	He could look at you and tell your whole life story.
JOHN:	Yes, I've seen him do it.

Für die filmische Darstellung dieses speziellen Blicks gibt es in *Sherlock* mehrere Arten von Inszenierungsstrategien, die jeweils einen unterschiedlichen Grad der Subjektivierung und damit einen unterschiedlich tiefen Einblick in die Denkweise des Detektivs ermöglichen. Diese verändern sich auch im Laufe der Serie, entwickeln sich weiter und nehmen auch intratextuell Bezug aufeinander.

Die einfachste Form ist dabei der unmarkierte Blick, der keinerlei Subjektivierung beinhaltet und ganz bewusst wie ein ‚normaler', kurzer, beiläufiger Blick inszeniert ist, so dass man ihn manchmal gar nicht bemerkt. Gerade diese Beiläufigkeit aber ist es, welche die intra- wie extradiegetischen Zuschauer umso mehr erstaunt, wenn Sherlock kurz danach verbal wiedergibt, was er während dieses kurzen, streifenden Blickes alles wahrgenommen hat und zu welchen Schlussfolgerungen ihn diese Wahrnehmungen veranlasst haben. Dieser ‚Trick' wird auch gleich in der allerersten Szene, in der Sherlock überhaupt auftaucht, in „A Study in Pink" demonstriert. Als John auf Sherlocks Angebot hin, in Baker Street einzuziehen, empört bemerkt, dass sie ja gar nichts übereinander wüssten, antwortet Sherlock:

> I know you're an Army doctor and you've been invalided home from Afghanistan. And you've got a brother worried about you but you won't go to him for help because you don't approve of him, possibly because he's an alcoholic, more likely because he recently walked out on his wife. And I know that your therapist thinks your limp's psychosomatic, quite correctly, I'm afraid. That's enough to be going on with, don't you think?

Eine zweite Art von Blickinszenierung macht nun im Gegensatz zum beiläufigen Blick (sofern man diesen überhaupt bemerkt) erstens deutlich, *dass* Sherlock etwas gezielt betrachtet, und zweitens wird explizit gezeigt, *was* er dabei sieht. Das erfolgt mittels einer speziellen Art von POV-Shot, der bei *Sherlock* immer wieder und über alle Folgen hinweg zum Einsatz kommt. Das Filmbild wird dabei plötzlich zu einem Standbild pausiert, es wirkt auf einmal wie eine Fotografie, und weist eine sehr geringe Schärfentiefe auf, es ist also nur ein kleiner Ausschnitt des Bildes scharf –

---

[320] Krumme: *Augenblicke*, S. 11f.

dadurch richtet sich die Aufmerksamkeit des Zuschauers zwangsläufig auf ein bestimmtes Bildelement, was Sherlocks fokussierte Wahrnehmung nachvollziehbar machen soll. Gleichzeitig bewegt sich die Kamera oft innerhalb dieses Standbildes, zoomt (schnell oder auch flackernd) hinein, heraus oder fährt auf einen anderen Ausschnitt zu, meist sind die Bilder außerdem zum Rand hin dunkel vignettiert. Auf der Tonebene wird vor allem das Einfrieren des Bildes und das Zoomen von einer Art *swoosh*-Sound untermalt.

Zu dieser Inszenierungsstrategie muss man allerdings anmerken, dass die Bilder zwar immer wie POV-Aufnahmen erscheinen, aber gelegentlich gar keine sein können, da Sherlock von seiner Position im Raum aus gar nicht das wahrnehmen *kann*, was der vermeintliche POV-Shot zeigt: So zeigt dieser Blick zum Beispiel bei Moriartys Gerichtsverhandlung in „The Reichenbach Fall" in Nahaufnahme den Notizblock von einem der Jurymitglieder, allerdings aus der Sicht des Jurymitglieds, obwohl der Block von Sherlocks Position aus ganz anders aussehen müsste, wenn es ein ‚echter' POV wäre (Sherlock sitzt auch wesentlich tiefer als die Jury). Dieser so inszenierte Blick geht also zum Teil ununterscheidbar über von einem besonders markierten POV in ein mentales Vorstellungsbild – denn da Sherlock zum Beispiel den erwähnten Block so nicht sehen *kann*, muss der vermeintlich perzeptive POV-Shot ein mentales Bild sein und Sherlocks *Vorstellung* entsprechen – so wie Sherlock sich eben in dem Moment diesen Block *vorstellt*. Dass sich dieser so visualisierte Blick nie ganz zweifelsfrei Sherlocks rein visueller Wahrnehmung zuordnen lässt, illustriert exemplarisch die eingangs erwähnte Ausführung von Hüppauf und Wulf, dass die Imagination auch ein Blick *auf* die Dinge ist und sich „Wahrnehmen (...) vom Imaginieren nicht trennen"[321] lässt. Oft sind diese Art Bilder außerdem (ebenfalls rein mentale) Erinnerungsbilder, da Sherlock erst retrospektiv erzählt, was er gesehen hat, und diese Erzählung wiederum ist dann mit diesen erinnerten POV-Shots unterlegt – von der formalen Inszenierung lässt sich aber dieser erinnerte Blick nicht von einem ‚aktuellen' unterscheiden.

Die dritte Art von Blickinszenierung stellt nun diese Untrennbarkeit von Blick und Imagination explizit heraus. Es wird also nicht nur ein Wahrnehmungsbild aus Sherlocks Sicht gezeigt (oder ein Vorstellungsbild dieser Wahrnehmung), sondern was genau Sherlock wiederum in diesem Wahrnehmungsbild sieht: es zeigt seine Sicht

---

[321] Bernd Hüppauf und Christoph Wulf, „Einleitung: Warum Bilder die Einbildungskraft brauchen," in: *Bild und Einbildungskraft*. Hg. Bernd Hüppauf und Christoph Wulf (München: Wilhelm Fink, 2006), S. 24.

auf das, was er wahrnimmt, und verknüpft dies explizit mit seiner spezifischen Vorstellung. Dies passiert durch den Einsatz von Schrift, meist zusätzlich zu den bereits beschriebenen speziellen POV-Markierungen wie dem Einfrieren des Bildes, der geringen Schärfentiefe und der Vignettierung, allerdings sind diese schriftlichen Markierungen nicht zwangsweise an POV-Shots gebunden.
So wird dieser Blick zum Beispiel zum ersten Mal in „A Study in Pink" auf diese Art und Weise inszeniert, als Sherlock sein erstes Serienmordopfer untersucht: Als er den Ring vom Finger der Leiche nimmt, um ihn zu begutachten, sieht man sein Gesicht und seine Hand mit dem Ring davor in Nahaufnahme, wobei sich das Wort ‚clean' spiegelverkehrt im Inneren des Rings befindet. Spiegelverkehrt deshalb, da der Schriftzug ja *Sherlocks* Sicht auf den Ring repräsentieren soll, und der Zuschauer diese schriftliche Repräsentation sozusagen ‚von hinten' sieht, was im darauf folgenden POV-Shot etwas deutlicher wird: Hier sieht der Zuschauer nun die Hand mit dem Ring aus der Sicht von Sherlock, weshalb auch die Schrift wieder ‚richtig herum' ist. Im Inneren des Rings steht das Wort ‚clean', außen befindet sich zusätzlich das Wort ‚dirty'. Die Beschriftung macht also Sherlocks Blick insofern explizit, als dass er mehr zeigt als ein ‚normaler' POV-Shot, der ja eigentlich nur dasselbe Objekt aus Sherlocks Blickwinkel darstellt – die Beschriftung stellt nämlich einerseits zusätzliche Details heraus, die nur Sherlock während der Betrachtung eines Objekts bemerkt (und der Zuschauer, der durch die Schrift daran teilhaben kann), da diese Details zum Beispiel der Polizei (oder auch dem Zuschauer bei einem ‚normalen' POV-Shot) gar nicht aufgefallen wären. Hier wird der Unterschied zwischen dem bloßen, passiven Sehen und doch Nicht-Sehen der Polizei und dem aktiven *Wahrnehmen* des Detektivs visuell umgesetzt – eine Unterscheidung, die bereits Doyles Sherlock Holmes in „A Scandal in Bohemia"[322] so trifft, und die *Sherlock* wieder aufgreift in „A Scandal in Belgravia": „The evidence was under your nose, John, as ever, you see but do not observe". Damit ist man wieder bei Ludger Schwarte und der eingangs beschriebenen Auffassung von Imagination:

> Die Imagination versetzt uns in die Lage, etwas wahrzunehmen, das nicht einfach so da ist (...). Was wir sehen, ist nicht identisch mit dem was die Wahrnehmung verursacht. (...) Analysiert man sie (...) als Teil eines epistemischen Prozesses, dann erweist sich, dass die Imagination objektive Informationen konfiguriert und anordnet. (...) die Imagination eines

---

[322] „You see, but you do not observe". Doyle, „A Scandal in Bohemia," S. 162.

epistemischen Subjekts [projiziert] eine (...) Ordnung auf die Welt, so dass die Objekte (...) in dem Maße erscheinen, wie sie zu jenen Parametern passen.[323]

Die Welt soll also für den Zuschauer so sichtbar gemacht werden, wie sie dem Detektiv erscheint, wie seine Imagination die ‚objektiven' Dinge um ihn herum wahrnimmt. Mit dem Einsatz von Schrift als „Konkretionen des Sagbaren"[324] wird hier auch exemplarisch das Verhältnis vom Sichtbaren zum Sagbaren verhandelt – und vom Virtuellen zum Aktuellen im deleuzeschen Sinne:

> Das Sagbare ist sich selbst, aufgrund der Sukzessivität seines Erscheinens, immer schon entrückt; während das Sichtbare dasjenige ist, aus dem das Sagbare seinen Stoff nimmt. Das Sichtbare spielt die Rolle der unerschöpflichen Virtualität gegenüber der partiellen Aktualisierung durch das Sagbare. (...) Das Bild verheißt Sinn, aber gibt ihn nie mit einem Mal preis, weil der Sinn selbst nie einfach, sondern immer kompliziert, immer im Werden begriffen ist. (...) Ein Bild spricht nicht. Wohl aber gibt es Anlaß zum Sprechen, Anlaß zu Interpretationen, die immer zurückbleiben hinter der Bedeutungsüberschüssigkeit von Bildern.[325]

Um Sherlocks Imagination, seinen Blick auf die Welt darzustellen, kommen also Bilder (als „Konkretionen des Sichtbaren"[326]) zum Einsatz, die aufgrund ihrer potentiell unendlichen Virtualität allerdings für sich alleine nicht den ‚einfachen' Sinn, also in diesem Fall einen ganz speziellen Aspekt herausstellen können („der Ring, der unter anderem auf diesem Bild zu sehen ist, ist innen sauber und außen schmutzig") – und deshalb der ‚partiellen Aktualisierung' durch das Sagbare, der Schrift („„clean – dirty") bedürfen. Rancière wiederum beschreibt die Relation zwischen dem Sichtbaren und Sagbaren für den Film so, dass (geschriebene oder gesprochene) Wörter ein immer vage bleibendes Quasi-Sichtbares erzeugen, während Bildern eine „quasi-language not subject to the rules of speech"[327] innewohnt. Das Sagbare und das Sichtbare sind hier in ein Fort-Da-Spiel eingebunden (Rancière nennt es *chassé croisé*), da das eine die Unsichtbarkeit des anderen zur Folge hat. Die Kombination von Schrift und Bild in Bezug auf Sherlocks kognitiven Blick versucht also zumindest vorübergehend und eingeschränkt dieses Fort-Da-Spiel anzuhalten und etwas sichtbar zu machen, was ausschließlich mit Bildern oder Schrift unsichtbar bleiben würde.

---

[323] Schwarte, „Intuition und Imagination," S. 92.
[324] Mirjam Schaub: *Gilles Deleuze im Kino. Das Sichtbare und das Sagbare*. München: Wilhelm Fink, 2006, S. 10.
[325] Ebd., S. 10f.
[326] Ebd., S. 10.
[327] Rancière: *Film Fables*, S. 145.

Bei dieser Blickart kommen – allerdings sehr selten – neben Schrift auch einfache, grafische Symbole zum Einsatz, wie zum Beispiel eine Art Zielkreuz auf dem Körper eines Feindes in „A Scandal in Belgravia": Dieses verdeutlicht, dass Sherlock das, was er gerade sieht (‚Ribs', ‚Lungs', ‚Artery') *als etwas sieht*, nämlich als Ziele für eine mögliche Attacke, es spezifiziert wie im Falle des Rings aktiv Sherlocks imaginativen Blick, und zeigt nicht nur passiv sein Blickfeld.

Außerdem werden durch diese zusätzlichen Beschriftungen auch relativ einfache Schlussfolgerungen und logische Operationen von Sherlock visualisiert, wie zum Beispiel der POV-Shot mit der Hand des bereits erwähnten Mordopfers aus „A Study in Pink": Man sieht die Nahaufnahme mehrerer Finger, an denen die Enden einiger Fingernägel (sowie der sich darauf befindende Nagellack) eingerissen und abgesplittert sind. Der dazu eingeblendete Schriftzug ‚left handed' steht dieses Mal nicht für ein leicht zu übersehendes, aber sich durchaus im Bild befindliches Detail, sondern für eine Schlussfolgerung (die Tote hat etwas in den Holzboden geritzt, und da sie es wegen der abgesplitterten Fingernägel mit der linken Hand getan haben muss, lässt sich daraus schließen, dass sie Linkshänderin ist). Gleichwohl passiert diese Schlussfolgerung im Kopf des Detektivs aber so schnell und selbstverständlich bereits beim Betrachten der Hand, dass man durchaus sagen könnte, er *sieht* sofort, dass sie Linkshänderin ist – die Schlussfolgerung ist bereits Teil seines Blicks auf die Welt um ihn herum, und genau das visualisiert der Schriftzug.

Erinnert man sich nun an McGinns Unterscheidung zwischen der „sinnlichen und der kognitiven Einbildungskraft"[328], so liegt der Schluss nahe, dass das Filmbild durch seine Nähe zur sensoriellen Einbildungskraft, dem ‚geistigen Auge', zwar diesen Teil von Sherlocks Imagination abbilden kann (*was* Sherlock sieht, beziehungsweise wie er es sich vorstellt, etwas zu sehen – also die markierten POV-Shots), dass aber, sobald es um die kognitive, begriffliche Einbildungskraft geht, die Möglichkeiten des Bildes alleine nicht mehr ausreichen, und deshalb innerhalb des Bildes auf das ‚abstraktere' Medium der Schrift zurückgegriffen wird[329], um auch Sherlocks kognitiv-begrifflichen, erweiterten Blick auf die Welt für den Zuschauer nachvollziehbar zu inszenieren. Denn von einer bildtheoretischen Perspektive aus ließe sich sagen, dass

---

[328] McGinn: *Das geistige Auge*, S. 145.
[329] Interessant ist in diesem Zusammenhang, dass Siegfried Kracauer in seiner Theorie des Films schreibt, dass „begriffliches Denken (...) ein filmfremdes Element" sei. Man könnte sagen, das Fernsehen macht an dieser Stelle durch den Einsatz von Schrift sogar das ‚Unfilmische' filmisch darstellbar – oder möchte dies zumindest suggerieren. Siegfried Kracauer: *Theorie des Films. Die Errettung der äußeren Wirklichkeit*. Frankfurt am Main: Suhrkamp, 1973, S. 346.

im Vergleich mit der Schrift oder Sprache „Bilder insbesondere den für Begriffe typischen Abstraktheitsgrad nicht erreichen"[330]. Damit einhergehend ist es schwierig bis unmöglich, in Bildern eine Negation oder einen logischen Widerspruch auszudrücken, wie ‚rot ist grün' oder Sachs-Hombachs Beispiel „Dreiecke haben vier Ecken"[331]. Dementsprechend wird auch eine ‚Verneinung' von Sherlocks Blick durch Schriftzeichen ausgedrückt: Der Zustand ‚Sherlock sieht nicht(s)' im Sinne von ‚er versteht etwas nicht, das er sieht' oder ‚er sieht nichts, das er interpretieren könnte' wäre in reiner Bildform schwierig darzustellen, wird aber in *Sherlock* durch die Einblendung mehrerer Fragezeichen zusammen mit einem typischen POV-Shot oder einer Nahaufnahme seines Gesichts sehr eindrücklich zum Ausdruck gebracht: So begegnet Sherlock zum Beispiel in „A Scandal in Belgravia" einer vollkommen nackten Irene Adler, an der er wohl wegen fehlender Zeichen auf ihrem Körper nichts von Bedeutung ‚sehen' kann und deshalb die eingeblendeten Fragezeichen zum Einsatz kommen.

Im Laufe der Serie scheinen diese Beschriftungen mehr und mehr unabhängig von den speziell markierten POV-Nahaufnahmen zu werden, wahrscheinlich weil sich beim Zuschauer ein gewisser Gewöhnungs- oder Lerneffekt einstellt, und die Schriftzüge auch ohne dazugehörigen POV-Shot automatisch als Teil von Sherlocks Wahrnehmung interpretiert werden, wie die bereits erwähnten Fragezeichen: Sherlock betrachtet in „The Reichenbach Fall" etwa eine unbekannte Substanz, und ohne ein Bild aus der Sicht von Sherlock zeigen zu müssen, werden die eingeblendeten Fragezeichen als zugehörig zu Sherlocks Blick auf die Substanz interpretiert (er weiß nicht, um was es sich bei der Substanz handelt). Die Inszenierung dieses Blickes wird außerdem zunehmend konventionalisiert, er findet dann stellenweise nur zu ‚Demonstrationszwecken' statt, und verliert dabei seine ursprüngliche Funktion (dem Zuschauer einen Zugang zu Sherlocks Blick auf die Welt zu ermöglichen). Das passiert zum ersten Mal in „A Scandal in Belgravia", als Sherlock bei seinem Auftraggeber im Buckingham Palace sich selbst seiner Fähigkeiten und seines außergewöhnlichen Blicks versichert: Die Schriftzüge beziehungsweise Sherlocks Erkenntnisse fliegen dabei so schnell durch das Bild, dass sie bei einer normalen Rezeptionsgeschwindigkeit nur noch eingeschränkt lesbar sind, und selbst bei einer Pausierung des Bildes ist

---

[330] Klaus Sachs-Hombach, „Begriff und Funktion bildhafter Darstellungen," in: *Bild, Medien, Wissen. Visuelle Kompetenz im Medienzeitalter.* Hg. Hans Dieter Huber, Bettina Lockemann, und Michael Scheibel (München: kopaed, 2002), S. 30.
[331] Ebd., S. 32.

in keiner Weise mehr nachvollziehbar, wie Sherlock auf diese Erkenntnisse kommt (wie ‚Father', ‚Half-Welsh' und ‚Tea drinker' zusammen mit einer Nahaufnahme eines Krawattenknotens). Einige Szenen später begegnet Sherlock der nackten Irene Adler, bei der sein Blick wie bereits erwähnt nur Fragezeichen ‚produziert' – im Anschluss daran wendet Sherlock seinen Blick auf John, an dem sein Blick wieder ‚funktioniert' (ein Demonstrations-Blick mit nur teilweise lesbaren, nicht nachvollziehbaren Schriftzügen), worauf er sich wieder Irene Adler zuwendet, sein Blick bei ihr aber wiederum versagt. Hier wird Sherlocks Blick zu einem filmischen Mittel mit Selbstzweck, und für Sherlock zu einer Art Instrument oder Programm, welches er nach Belieben aktivieren, das anscheinend aber auch ‚kaputt' sein kann, und das er von Zeit zu Zeit auf Funktionstüchtigkeit prüfen muss.

Im weiteren Verlauf der Serie variiert diese Art der Blickinszenierung außerdem leicht: So wird dieser Blick zum Beispiel manchmal nicht mehr als *eyeline match* oder POV-Shot umgesetzt, sondern so, dass sowohl der Blickende als auch der Inhalt des Blicks gleichzeitig im Bild sind, was allerdings weniger einem *split screen* als einem *dream balloon* gleicht, und an die „simultane Darstellungsweise von Wach- und Traumwelt"[332] von Filmträumen erinnert.

In „A Scandal in Belgravia" findet sich außerdem eine Szene, in der sich Sherlocks besonderer Blick auf die Welt und seine Schlussfolgerungen nicht in Schrift-, sondern in Bildform offenbaren: Sherlock geht durch die Tür der Baker Street, in die CIA-Agenten gewaltsam eingebrochen sind und Mrs. Hudson in ihre Gewalt gebracht haben. Die typisch gestalteten POV-Aufnahmen, die Sherlocks Blick im Treppenhaus zeigen, werden nun allerdings nicht von Schlussfolgerungen in Schriftform begleitet, sondern von einer Art ‚vorgestellten Erinnerung' Sherlocks: Er sieht zum Beispiel Kratzer in der Tapete, und im Anschluss daran folgt eine kurze Einstellung in Zeitlupe und extrem niedriger Tiefenschärfe von Mrs. Hudson, wie sie gerade von jemandem die Treppe hochgezerrt wird und ihre Fingernägel ebenjene Kratzer verursachen, die Sherlock gerade gesehen hat. Es wird also wieder vermittelt, was sich Sherlock vor seinem ‚geistigen Auge' vorstellt, während er die Markierungen an der Wand betrachtet. Einige Momente später wird dann eine Schlussfolgerung ganz dem Zuschauer überlassen: man sieht wieder Sherlocks typischen Blick als stillstehenden POV-Shot, zuerst von einer blutigen Wunde an Mrs. Hudsons Wange, und im Anschluss daran von dem blutverschmierten Ring des CIA-Agenten. Der simple

---

[332] Brütsch: *Traumbühne Kino*, S. 146.

Schluss, dass es also der CIA-Agent war, der Mrs. Hudson diese Wunde zugefügt hat, bleibt hier der Imagination des *Zuschauers* überlassen – der Zuschauer kann hier also freudig denselben mentalen Prozess vollziehen wie Sherlock selbst, und er darf auf diese Weise auch einmal ‚Detektiv spielen'.

3.2.3 Der Blick nach Innen: Visualisierung von Imagination

Die vierte Art Blick bei *Sherlock* ist nun im Gegensatz zu den bisherigen Blickarten nicht mehr – oder nur noch bedingt – nach außen, sondern in erster Linie nach *innen* gerichtet. Bei seiner Inszenierung werden also vor allem rein mentale Bilder sichtbar gemacht, da es sich hier um Sherlocks Vorstellungskraft und seine genialen Einfälle handelt, die durch die Visualisierung für den Zuschauer teilweise nachvollziehbar gemacht werden sollen. Zwar sind alle Blickarten, ob nach innen oder nach außen gerichtet, nicht immer eindeutig zu unterscheiden und gehen teilweise ineinander über, trotzdem lassen sich bei dem Blick nach innen zwei Idealtypen unterscheiden: Ein Blick, der aus (tatsächlichen und ‚vorgestellten') Erinnerungen besteht, und ein kreativ-diagrammatischer Blick, der nicht auf vergangenen Wahrnehmungen oder deren Vorstellung basiert, sondern ganz im Gegenteil dazu gänzlich ‚neue' Wahrnehmungen und Erkenntnisse produziert.

Der ‚erinnerte' Blick wird meist ausgelöst von einem Gegenstand oder einem speziellen Ort, den Sherlock sieht. Darauf richtet sich sein Blick kurz ins Nichts, und es folgen Erinnerungs- und Vorstellungsbilder: In „The Blind Banker" zum Beispiel ist Sherlock auf der Suche nach einem bestimmten Buch („a book that everyone would own"), mit dem sich ein geheimer Code entschlüsseln lässt und das in den Wohnungen der Mordopfer gestanden haben muss. Als Sherlock sich vor Baker Street ein Taxi rufen will, sieht er zwei Touristen, die gerade einen Reiseführer „London A-Z" in den Händen halten. Darauf sieht man eine Nahaufnahme von Sherlock vor einem Hintergrund aus diffusen Lichtpunkten, und Sherlocks Blick richtet sich nach innen: Nach einem Weißblitz (wieder eine Art ‚Geistesblitz') folgen Erinnerungen, in denen Sherlock sich selbst (sozusagen aus der ‚dritten Person') dabei sieht, wie er den besagten Reiseführer in den Wohnungen der Opfer gesehen hat (in denen er auch wirklich war), sowie einige Nahaufnahmen des Buches. Diese Erinnerungen ähneln in ihren formalen Eigenschaften stark den POV-Aufnahmen aus Sherlocks analytischem Blick, sowohl was ihre Farbigkeit, die Tiefenschärfe und die Geräuschkulisse betrifft (der typische *swoosh*-Sound). Durch diese Erinnerungen wird also für den Zuschauer

Sherlocks ‚Erleuchtung' sichtbar gemacht, warum jetzt genau dieses Buch der Schlüssel zur Lösung des Falls ist.

Diese doch recht ‚einfachen', erinnerten visuellen *Wahrnehmungen* lassen sich nun wiederum von dem anderen Blick nach innen unterscheiden, nämlich dem kreativen, diagrammatischen Blick Sherlocks[333], in dem gänzlich neue Erkenntnisse hervorbringende Denkprozesse im Vordergrund stehen. Dieser gleicht formal stellenweise dem mit Schriftzügen versehenen, kognitiv erweiterten Blick Sherlocks. Das erste Mal[334] lässt sich dieser ‚kreative' Blick in einer noch relativ simplen Form in „A Scandal in Belgravia" ausmachen. Irene Adler zeigt Sherlock mit der Bitte um eine kryptologische Analyse eine (mutmaßlich verschlüsselte) Kombination aus Buchstaben und Zahlen, die Sherlock für sie entschlüsseln soll. Als Sherlock diesen Code auf dem Bildschirm seines Smartphones betrachtet, verlangsamt sich erst einmal das Filmbild (man sieht John, wie er eine Tasse in Zeitlupe auf den Tisch abzustellen beginnt) sowie der zugehörige Ton (als ob man ein Tonband anhält oder einem Kassettenrekorder die Batterien ausgehen). Danach folgt wieder eine Nahaufnahme von Sherlock, und in dem Moment, in dem er seinen Blick vom Smartphone weg geradeaus in die Kamera richtet (*gaze*), werden zu digital anmutenden (Computer-) Rechengeräuschen in schneller Reihenfolge die Buchstaben und Zahlen aus dem Code vor Sherlocks Gesicht eingeblendet. Während sich die Welt um Sherlock herum weiter in Zeitlupe bewegt, wird vor einer extremen Nahaufnahme von Sherlocks sich schnell bewegenden Augen noch einmal der Code eingeblendet, bevor alle Zahlen verschwinden und nur noch die Buchstaben übrig bleiben, die sich schließlich alphabetisch in einem Muster anordnen und in Dreier- und Vierergruppen mit Rechtecken umrandet werden. Dann wird die Welt um Sherlock herum wieder normal, er scheint die Lösung zu haben (die dem Zuschauer aber zu dem Zeitpunkt noch nicht klar ist), und die Tasse von John setzt gerade auf dem Tisch auf, so dass der Eindruck entsteht, diese Gedankenprozesse hätten unfassbar schnell in Sherlocks Kopf stattgefunden. Im Anschluss daran erklärt Sherlock schließlich John und Irene, was die Lösung ist und wie er da-

---

[333] In diesem Zusammenhang möchte ich auf den oft vergessenen, aber interessanten Umstand hinweisen, dass die *Sherlock Holmes*-Geschichten von Doyle bei ihrer ursprünglichen Veröffentlichung ebenfalls von „various diagrams and maps" begleitet waren. Tom Gunning: „The Exterior as *Intérieur*: Benjamin's Optical Detective," *Boundary 2. An International Journal of Literature and Culture* 30, Nr. 1 (2003): S. 118.

[334] Zwar gibt es bereits in „A Study in Pink" eine Verfolgungsjagd mit Sherlock und dem Mörder, bei der immer wieder Bilder eines (mentalen) Stadtplans von London gezeigt werden, hier kann man aber weder von geistiger Versenkung sprechen, noch wird hier eine neue Lösung eines Rätsels gefunden – es handelt sich hier mehr um Erinnerungsbilder eines Stadtplans.

rauf gekommen ist – der Code war gar kein verschlüsselter Code, sondern eine Auflistung von Sitznummern in einem Flugzeug (die vorher in Rechtecken angeordneten Buchstaben standen also für die zwei Dreiersitzreihen und die eine Vierersitzreihe in einem Jumbo Jet). Während Sherlocks verbaler Erklärung ist eine schematische Darstellung des Inneren eines Flugzeuges hinter ihm eingeblendet (was gerade in Sherlocks Kopf vorgeht, erscheint also wie an die Wand hinter ihm projiziert), und – wieder unter Begleitung eines digitalen Piepens – blinken die Sitznummern aus dem ‚Code' rot auf und fügen sich am unteren Bildrand erneut zu der ursprünglichen Buchstaben- und Zahlenreihe.

Auch in der zweiten Folge der zweiten Staffel („The Hounds of Baskerville") findet sich dieser Blick nach Innen, der hier bereits wesentlich länger andauert als noch in der Episode davor, und tiefer in Sherlocks Vorstellungswelt eindringt. Sherlock sucht gerade nach der Lösung, auf welchem Weg eine halluzinogene Droge in seinen und Johns Körper gelangt ist. Er weiß, dass es etwas mit dem Wort ‚hound' beziehungsweise dem Akronym ‚H.O.U.N.D.' zu tun hat, da er aber nicht weiß, was, begibt er sich zum Nachdenken in Versenkung und schickt dazu John und Dr. Stapleton aus dem Raum:

> SHERLOCK: But how did it get into our systems. How? There has to be (...) something buried deep. Get out. I need to go to my mind palace. (...)
> STAPLETON: *(Zu John)* His what?
> JOHN: Oh, his mind palace. It's a memory technique – a sort of mental map. You plot a map with a location – it doesn't have to be a real place – and then you deposit memories there that – theoretically, you can never forget anything; all you have to do is find your way back to it.
> STAPLETON: So this imaginary location could be anything – a house or a street.
> JOHN: Yeah.
> STAPLETON: But he said ‚palace'. He said it was a palace.
> JOHN: Yeah, well, he would, wouldn't he?

Während Sherlock nun alleine mitten im Raum sitzt und die Kamera um ihn herum rotiert, tauchen anfangs mehrmals nur bedingt der Außenwelt zuzuordnende – und deshalb am wahrscheinlichsten mentale – Bilder auf, die nur aus unbestimmbaren, runden Farb- und Lichtflecken und dem Wort ‚hound' in einem dieser Lichtflecken bestehen. Während sich die Kamera weiterhin um Sherlock herum bewegt, tauchen immer wieder neue Wörter und Begriffe in verschiedenen Schriftarten auf. Es finden sich aber auch – um Sherlock herum im Raum schwebend – halbtransparente Logos und Abbildungen: immer stillstehende Bilder, sowohl in schwarz-weiß als auch in Farbe, manchmal begleitet von Ton, aber allesamt *nicht* spiegelbildlich zum Zuschauer, wie sie unter Berücksichtigung von Sherlocks Perspektive eigentlich sein müssten. Sherlock selbst ‚schiebt' nun – mal mit offenen, mal mit geschlossenen Augen – mit den Händen diese Elemente im Raum zu ‚digitalen' Geräuschen mit verschiedenen Handbewegungen und Gesten herum, als hätte er einen Touchscreen um sich[335]. Der Eindruck, dass diese mentalen Gebilde einem zweidimensionalem (Computer-) ‚Screen' entsprechen, wird auch dadurch verstärkt, dass wenn sich die Kamera in ihrer Rotationsbewegung leicht schräg *hinter* Sherlock befindet (wir also die mentalen Elemente aus der Sicht von Sherlock sehen), diese (Schrift-) Bilder plötzlich spiegelverkehrt sind – ist die Kamera *von der Seite* darauf gerichtet, sind sie folgerichtig fast zu einem dünnen Strich verzerrt.

All diese Elemente bewegen sich dabei anscheinend assoziativ an den drei Hinweiswörtern entlang, an die Sherlocks Klient sich erinnern konnte, und die Sherlock deshalb als Ausgangsbasis dienen (neben dem Wort ‚hound' noch ‚liberty' und ‚In'). Dieses freie Assoziieren ähnelt dabei wieder der metonymischen Verschiebung, wie sie Freud für die Traumarbeit beschrieben hat: So kommt Sherlock von ‚liberty' über ein Logo des Departments Stores ‚Liberty London' zu ‚liberté, égalité, fraternité', und von dort zum ‚LibertyBellMarch' und dem Komponisten ‚JohnPhilipSousa' (beides ohne Leerzeichen, was wiederum an Programmiersprache eines Computers erinnert, in der es teilweise ebenfalls keine Leerzeichen gibt). Bei dem Wort ‚In' werden dagegen unterschiedliche Wörter eingeblendet, die mit ‚In' beginnen, wobei der Rest des jeweiligen Wortes in einer anderen Farbe dargestellt ist als das ‚In'. Während letzteres sozusagen immer stehen bleibt, rotieren die Buchstaben hinter dem ‚In' so schnell wie bei der Anzeige einer Datenbank auf einem Computerbildschirm, nur kurz bleiben die Buchstaben immer wieder stehen um Wörter wie ‚India', ‚Ingolstadt', oder ‚Iridium' zu formen. Schließlich geht es noch von ‚Ridgeback' (und einem Bild dieser Hunderasse) über ‚Wolfhound' zu ‚Hound Dog' (und einem Bild von Elvis Presley, welches wie das von John Philip Sousa direkt über Sherlocks Gesicht eingeblendet wird), akustisch begleitet von Wolfsheulen sowie einem Ausschnitt aus dem gleichnamigen Lied. Dazwischen wird von Zeit zu Zeit ein farbiger Lichtfleck über das Bild geblendet, auf dem wiederum ‚hound' steht, und der einem Blendenfleck einer reflektierenden Lichtquelle auf der Kameralinse ähnelt.

Nachdem Sherlock alles energisch wieder aus dem Bild ‚gewischt' hat, erscheinen

---

[335] Die Geräuschkulisse sowie die Anordnung der Elemente wie auf einem riesigen, transparenten Computerbildschirm erinnert zum Beispiel an Szenen aus *Minority Report* (Regie: Steven Spielberg. USA, 2002).

am Ende noch einmal die drei Schlüsselwörter, bevor die Kamera (die immer noch im Kreis um Sherlock herum rotiert) auf seinem Gesicht und seinen geschlossenen Augen stehen bleibt. Plötzlich sieht man noch einmal ein abstraktes Farbfleckenbild mit dem Wort ‚hound' (gleichzeitig hört man das Wort metallisch ausgesprochen aus dem Off), und direkt im Anschluss daran erscheinen nacheinander die drei Hinweiswörter noch einmal direkt vor Sherlocks Gesicht, der seine Augen aufreißt (statt ‚hound' steht dort jetzt aber ‚H.O.U.N.D.', und statt ‚In' steht dort ‚Indiana'), jeweils begleitet von Weißblitzen sowie blitzartigen Geräuschen. Man könnte sagen, es wird versucht, visuell die ‚Geistesblitze' darzustellen, die Sherlock gerade in dem Moment anscheinend widerfahren – auch wenn der Zuschauer an dieser Stelle überhaupt nicht nachvollziehen kann, um was es sich bei dieser ‚Erleuchtung' handelt (außer, dass es irgendetwas mit ‚Indiana' zu tun haben muss). Dann steht Sherlock auf und verschwindet aus dem Bild, und erst einige Szenen später werden John (und mit ihm der Zuschauer) von Sherlock aufgeklärt, um was es sich bei diesen Geistesblitzen gehandelt hat, wie die drei Hinweiswörter zusammenhängen und was sie bedeuten: „Project H.O.U.N.D. – must have read about it and stored it away. An experiment in a CIA facility in Liberty, Indiana". Die Lösung des Falls, bei dem halluzinogene Drogen als unsichtbares Gas administriert wurden, basiert dann schließlich auch auf diesem Projekt aus den 80er Jahren (das Akronym H.O.U.N.D. geht auf die Nachnamen der beteiligten Forscher zurück).

Eine ebenfalls sehr elaborierte Form dieser Blickinszenierung findet sich schließlich in „The Reichenbach Fall", der dritten Folge der zweiten Staffel: Sherlock ist hier im Büro von Scotland Yard und muss eine ehemaligen Schokoladenfabrik irgendwo in der Nähe von London finden. Er hat vorher in einem konservierten Fußabdruck des Täters fünf unterschiedliche, chemische Stoffe gefunden und damit fünf Kriterien, die diese Fabrik erfüllen muss, um die richtige zu sein: Kreide, Blütenpollen, Asphalt, Ziegelstaub sowie Polyglycerin-Polyricinoleat, ein Lebensmittelzusatz bei der Schokoladenherstellung. Sherlock tritt in die Mitte des Büros, und während sein Blick in die Ferne schweift (beziehungsweise nach innen), verdunkeln sich die Deckenlichter, und vor einer Nahaufnahme von Sherlocks Gesicht erscheint eine mentale Karte von verschiedenen Gebieten Londons, wie auf eine durchsichtige Halbkugel projiziert, in deren Zentrum sich Sherlocks Kopf befindet (die Ortsbezeichnungen auf der Karte sind allerdings nicht spiegelverkehrt, wie sie eigentlich erscheinen müssten, sondern wieder für den Zuschauer ganz normal lesbar). Sherlock ‚scannt' mit den Augen die

Karte nach geeigneten Orten ab, er kann dabei zwischen verschiedenen Kartenabschnitten hin und her zoomen, und schließlich versieht er jeden potentiellen Ort mit verschiedenfarbigen Kreisen, die anscheinend jeweils eins der fünf Hinweis-Elemente repräsentieren, all das wieder begleitet von typischen, digitalen Computer- und Prozessorgeräuschen. Da allerdings nach diesem Abgleich anscheinend noch zu viele Orte in Frage kommen und die Karte voll von Kreisen ist, bricht Sherlock ab, und die Karte verschwindet mit einem Flackern, das den gleichzeitig wieder aufleuchtenden Deckenlampen entspricht. Sherlock holt sich darauf Hilfe über sein Smartphone von seinem *homeless network*[336], ein ‚Netzwerk' von Obdachlosen in ganz London, die Sherlock für Informationen bezahlt: in diesem Fall für Fotos von verlassenen Fabriken, die sie ihm auf sein Smartphone schicken. Sherlock versenkt sich dann wieder in seine mentale Karte (das Licht geht wieder aus im Büro), und mit einem abwechselnden Blick auf Handy und Karte sortiert er die Fotos, die nun ebenfalls auf der Karte erscheinen, mit seinen Augen an der richtigen Stelle in die Karte ein, auf der dann wiederum neue, verschiedenfarbige Kreise entstehen. Bei dem Foto einer Blume hält er inne: es scheint sich genau um diejenige Pflanze zu handeln, deren Blütenpollen er als eines der Hinweiselemente identifiziert hat. Er überfliegt mit den Augen noch einmal die Karte, bis er den passenden Ort gefunden hat, an dem sich alle verschiedenfarbigen Kreise überlagern, und die fünf Hinweiselemente erscheinen an diesem gesuchten Ort zusätzlich als Wörter auf der Karte (in derselben Farbe wie die zugehörigen Kreise).

Bei dieser Blickinszenierung liegt es nahe, sich mit der Form dieser Blickart zu beschäftigen, nämlich der des Schaubilds beziehungsweise des Diagramms. Man könnte sagen, die Wahl dieser Form bietet sich insofern an, als dass „insbesondere das anschauliche Denken (...) diagrammatisch verfährt"[337] und die „Funktion der Diagrammatik (...) drei einander wechselseitig ergänzende Prinzipien"[338] involviert – nämlich die der drei logischen Schlussfolgerungsarten Induktion, Deduktion, und Abduktion:

> Nahegelegt werden mit der Veranschaulichung von Elementen und Relationen aber auch bestimmte Möglichkeiten der Rekonfiguration des Gegenstandes, Sachverhalts oder Ereigniszusammenhangs. Angesprochen ist damit das *Virtualitätsprinzip* der Diagrammatik, in dem ihre heuristische Funktion beschlossen liegt. Man sieht nicht nur, wie die Dinge beschaffen sind; man sieht – zumindest vor dem ‚geistigen Auge' – auch, wie man sie verän-

---

[336] Dieses Netzwerk entspricht in etwa den *Baker Street irregulars* aus der Romanvorlage.
[337] Bauer und Ernst: *Diagrammatik*, S. 20.
[338] Ebd., S. 24.

dern könnte. Das dargestellte Gefüge setzt hypothetische Vorstellungen frei und verweist damit auf die Schlussfolgerungsform, die Peirce *Abduktion* genannt hat.[339]

Das Diagrammatische scheint sich auch deshalb so gut für die Darstellung der Imagination des Detektivs zu eignen, da die Diagrammatik „keine logische Entfaltung von bereits vorformuliertem Wissen" ist, sondern „das Erzeugen von neuem Wissen (...) – sie ist ein Konzept der *Transformation von Wissen*"[340] (womit man wieder bei Ecos kreativer Abduktion und dem ‚stummen' Wissen ist). Während das Schema vom Flugzeug und der Verteilung der Sitze darin sowie die mentale Karte mit den Kreisen als Repräsentation unterschiedlicher, chemischer Substanzen sehr deutliche diagrammatische Züge tragen, ist das im Beispiel des Gedankenpalastes aus „The Hounds of Baskerville" weniger offensichtlich. Allerdings gleicht auch das Navigieren durch diesen Palast einer Bewegung durch ein mentales Schaubild, denn auch der ‚Palast' ist eine Art kognitive Landkarte, ein Modell – auch wenn der Zusammenhang der einzelnen Elemente in diesem Palast-Schaubild im Ganzen nicht explizit gemacht wird, sondern nur jeweils einzelne Elemente darin zu einem Zeitpunkt sichtbar gemacht werden. In allen Beispielen wird aber Wissen transformiert, vorher unsichtbare Relationen aufgezeigt, und so am Ende neues Wissen erzeugt. Außerdem zeigt sich die für Diagramme typische Hybridität der Zeichensysteme, sie sind „weder eindeutig als Bild noch eindeutig als Schrift zu klassifizieren"[341]. Hierin äußert sich auch das diagrammatische Element von Mnemotechnik im Allgemeinen (worunter auch Sherlocks Gedankenpalast fällt), welche Aleida Assmann als eine „mentale (Bilder-)Schrift" bezeichnet, ein „mechanisches Verfahren", da es „anstrebt, daß das, was eingelagert wird, absolut identisch ist mit dem, was zurückgeholt wird"[342].

Bei Sherlocks Gedankenpalast und dem Beispiel mit seiner mentaler Karte wird auch die „Interaktion von Gehirn, Auge, Hand und Schaubild"[343] deutlich – nur dass sich hier diese Elemente verdichten, da es sich um ein *mentales* Schaubild handelt, das sich eigentlich vor Sherlocks *innerem* Auge in seinem Gehirn befindet (auch wenn es innerhalb der Serie wie auf einem ‚real' vorhandenen Bildschirm externalisiert ist), mit dem er sowohl *ohne* Hände (stattdessen mit den Augen) als auch *mit* den Händen

---

[339] Ebd. Hervorhebungen im Original.
[340] Ebd., S. 23. Hervorhebung im Original.
[341] Ebd., S. 28.
[342] Aleida Assmann, „Schrift als Medium und Metapher des Gedächtnisses," in: *Metamorphosen. Gedächtnismedien im Computerzeitalter*. Hg. Götz-Lothar Darsow (Stuttgart-Bad Cannstadt: frommann-holzboog, 2000), S. 69.
[343] Bauer und Ernst: *Diagrammatik*, S. 47.

interagieren kann, wie er es in „The Hounds of Baskerville" macht.

Auffällig an diesem Blick nach Innen ist neben dem Diagrammatischen auch die digitale, hochtechnologische Ästhetik, sowohl auf der akustischen als auch der visuellen Ebene. Sherlocks Gedankenprozesse selbst ähneln an manchen Stellen mehr einem Prozessor oder einer Rechenmaschine als dem freien Spiel der Gedanken des klassischen Detektivs – womit man bei der Rolle der Technologie für den Detektiv und seiner Imagination angekommen ist.

3.2.4 Gehirn und Computer: *Sherlock* und Technologie

Die permanente Verhandlung des Verhältnisses von Mensch und Maschine, Detektiv und Technologie spielt nämlich eine tragende Rolle in *Sherlock* generell und bei der Visualisierung von Gedankenprozessen Sherlocks im Speziellen. Zwar war zum Beispiel das außergewöhnliche, fast schon maschinenartige Gedächtnis (visuell umgesetzt durch den ‚Gedankenpalast', mit dem man – zumindest theoretisch – nichts mehr vergessen kann) auch schon bei Doyle Markenzeichen des Detektivs. Im Gegensatz dazu gleicht Sherlock aber nicht mehr einer *mechanischen* Maschine sondern einer *elektronischen*, einem Computer. So wird in „A Study in Pink" aus dem Vergleich des optimierten Gedächtnisses mit einem Dachboden (*attic*) des ursprünglichen Holmes[344] ein expliziter Vergleich mit der Festplatte eines *Computers*, auf der nur begrenzt Speicherplatz ist, und von der man wieder Dinge löschen muss, wenn man die Kapazitätsgrenze erreicht hat:

SHERLOCK:	Look, it doesn't matter to me who's Prime Minister or who's sleeping with who.
JOHN:	Whether the Earth goes around the sun.
SHERLOCK:	Oh god, that again. It's not important!
JOHN:	Not important? It's primary school stuff. How can you not know that?
SHERLOCK:	Well If I ever did I deleted it.
JOHN:	Deleted it?
SHERLOCK:	Listen. This is my hard drive and it only makes sense to put things in there that are useful. Really useful. Ordinary people fill their heads with all kinds of rubbish. And that makes it hard to get at the stuff that matters.

Das ‚Löschen' von Wissen von der ‚Festplatte' entspräche somit – Sherlocks Logik nach – dem Vergessen des menschlichen Gedächtnisses, wobei sich eigentlich weder das menschliche Gedächtnis auf seine Speicherleistung reduzieren lässt, noch ‚ver-

---

[344] „I consider that a man's brain originally is like a little empty attic (...). Now the skillful workman is very careful indeed as to what he takes into his brain-attic." Doyle, „A Study in Scarlet," S. 21.

gessen' und ‚löschen' sich soweit entsprächen, dass dieser Vergleich zulässig wäre (so sind Erinnern und Vergessen im menschlichen Gedächtnis beispielsweise so miteinander verwoben, dass „das eine (...) die Bedingung des anderen"[345] ist, außerdem steht hinter dem Löschen eine gewisse Absicht, die beim vergessen unmöglich ist). Dass Sherlock diesen Vergleich aber heranzieht und außerdem durch seinen ‚Gedankenpalast' und die Anwendung von Mnemotechnik sein Gedächtnis zu einem quasiverlustfreien Speicher machen kann, der durch die Anbindung an das Internet auch noch beliebig erweiterbar ist, betont umso mehr seine ‚Maschinenhaftigkeit'.

Im Falle des Gedankenpalastes bleibt zwar auch ein abduktiv-kreatives, spielerisches Element erhalten, zum Beispiel wenn Sherlock seinen freien Assoziationen folgt – sieht man aber vom Weg ab und betrachtet nur das Ergebnis dieses Blicks nach Innen, so ist des Rätsels Lösung am Ende eine einfache Erinnerung, die Sherlock irgendwo auf seiner ‚Festplatte' einmal ‚abgespeichert' hat und einfach wieder finden musste. Außerdem ähnelt auch das Ausprobieren verschiedener Möglichkeiten, das Wörtchen ‚In' zu vervollständigen, stark dem Vorgehen einer Datenbank: Die Buchstaben hinter dem ‚In' rattern von oben nach unten, als ob ein Computer alle möglichen Kombinationen von sinnvollen Wörtern ausprobiert – genauso wie vorher Sherlock in „The Great Game" mit Hilfe einer Datenbank gefundene Blütenpollen abgleicht und nach einem passenden *match* sucht. Ein solches suchendes Rattern der Buchstaben (immer mit digital anmutender Geräuschuntermalung) findet sich immer wieder in der Serie, auch schon im allerersten Fall in „A Study in Pink", als Sherlock das Wörtchen ‚Rache' mit einem weiteren Buchstaben zu ‚Rachel' komplettiert. Man könnte auch sagen, das Fernsehen versucht hier *das* darzustellen oder zu imitieren, was Lev Manovich „*info-aesthetics*"[346] genannt hat: „(...) the aesthetics of information access as well as the creation of new media objects that ‚aestheticize' information processing."[347] Die Datenbank („originally a computer technology to organize and access data"[348]) wird dabei selbst zu einer „new cultural form in its own right"[349] – und auf ebendiese kulturelle Form bezieht sich hier wiederum das Fernsehen.

Die in der Serie implizierte Nähe von Gehirn und Computer wird auch bei der menta-

---

[345] Assmann, „Schrift als Medium und Metapher," S. 70.
[346] Lev Manovich: *The Language of New Media*. Cambridge, Massachusetts: MIT Press, 2001, S. 217. Hervorhebung im Original.
[347] Ebd. Manovich zählt dabei auch den Film zu den ‚Neuen' Medien – beziehungsweise er betrachtet den Film als das erste der ‚Neuen' Medien.
[348] Ebd., S. 47.
[349] Ebd.

len Karte aus „The Reichenbach Fall" deutlich, denn dort geht es eigentlich um eine schnelle Verarbeitung und einen Abgleich großer Datenmengen („wo gibt es überall verlassene Fabrikgebäude, und auf welche dieser Orte in London treffen alle fünf Eigenschaften zu?'), was man ja eher zu den traditionellen Qualitäten eines Computers zählen würde als zu menschlichen Gedankenleistungen – selbst für einen Menschen mit so außergewöhnlichen mentalen Kapazitäten wie Sherlock.

Der Eindruck, Sherlock hätte hier mehr einen futuristisch anmutenden, holographischen Computerbildschirm mit der Karte von London um sich herum als ein mentales Bild vor seinem ‚inneren Auge', wird auch dadurch verstärkt, dass Sherlocks mentale Innenwelt und die diegetische Realität von eigentlich unmöglichen Wechselwirkungen beeinflusst werden: Sobald Sherlock seine mentale Karte sieht, erlischt die Deckenbeleuchtung bei Scotland Yard, verschwindet sie wieder, geht das Licht wieder an. Die Grenze zwischen mentaler und realer Welt wird hier brüchig, was bei *Sherlock* oft der Fall ist, wenn es um Technologien geht. In „The Hounds of Baskerville" wird Sherlocks Gesicht selbst zu einem Bildschirm, auf dem sich nämlich das, was Sherlock gerade auf dem Computerbildschirm vor sich betrachtet (was der Zuschauer aber nicht sieht) und Sherlocks Vorstellung vermischen: anfangs sind die (vermuteten) Inhalte des Computerbildschirms noch über die gesamte Nahaufnahme von Sherlock geblendet. Sherlock schaut dabei direkt in die Kamera, die sich also genau an der Stelle des Computerbildschirms befindet, ‚hinter' dem wiederum der Zuschauer sitzt. Hier ist allerdings schon nicht mehr klar, welche Textausschnitte, Bilder, Wörter ‚wirklich' auf dem Bildschirm zu sehen sind – die Anordnung legt jedenfalls nahe, dass es sich eher um eine Repräsentation Sherlocks spezifischer Wahrnehmung der Elemente auf dem Bildschirm als um die realen Bildschirminhalte selbst handelt. Kurze Zeit später wird schließlich nur noch über Sherlocks Gesicht statt über die gesamte Bildfläche geblendet, so dass nun sein Gesicht zur Projektionsfläche, zum Computerbildschirm selbst wird. Darauf erscheint ein Foto mit den am Projekt H.O.U.N.D. beteiligten Wissenschaftlern sowie deren Namen, dann verschwindet das Bild, und die fünf Nachnamen fügen sich in der typischen Art von Sherlocks Blick nach Innen zu dem Akronym zusammen. Gerade als es also wieder so aussieht, als würde jetzt definitiv nur noch Sherlocks Vorstellung und nicht mehr der Computerbildschirm oder eine Mischform visualisiert werden, ruft Dr. Stapleton, die neben Sherlock steht und ebenfalls auf den Computer blickt: „Hound!". Es können also keine Vorstellungsbilder sein, da Stapleton diese ja anscheinend ebenfalls wahrnehmen kann, womit auch hier wieder die Grenze zwischen Computerbildschirm, Technologie und Sherlocks Vorstellungswelt aufgehoben ist.

Dass in der Serie generell Text auf Computerbildschirmen (unter anderem Johns Blog) oder Textnachrichten und E-Mails auf Sherlocks Smartphone formal bis auf die Wahl der Schriftart genauso inszeniert sind wie seine Gedanken beim kognitiv erweiterten Blick (auch diese ‚schweben' nämlich als Schriftbilder wie externalisierte Vorstellungsbilder im Raum oder sind wie an eine Wand projiziert, anstatt dass man den Bildschirm des Computers oder Smartphones selbst sieht), zeugt ebenfalls von der von der Serie vorgenommenen Analogie zwischen den Denkprozessen Sherlocks und (technologischen) Computerprozessen. Dazu trägt neben der visuellen ‚Datenbankästhetik' sowie den *Minority Report*-artigen diagrammatischen Bildschirmsequenzen vor allem auch die akustische Untermalung von Sherlocks Vorstellungen, Erinnerungen, seinem Blick und seiner Imagination bei, die allesamt von digitalem Piepen, Rauschen, Rechengeräuschen, mechanischem Rattern und anderen mit Computern oder Rechenmaschinen in Verbindung zu bringenden Tönen untermalt werden. Passend zu diesen Geräuschen sind in „The Great Game" Sherlocks spezieller Blick auf die Leiche einer Frau und die resultierenden POV-Aufnahmen ‚ratternd', ruckartig geschnitten, wie eine Aneinanderreihung von Standbildern, zwischen denen Frames fehlen, oder wie im Stopptrick-Verfahren aufgezeichnet, als wäre Sherlocks Wahrnehmung ebenfalls die einer Maschine, einer Kamera.

Beim Einordnen der Fotos, die Sherlock von seinem *homeless network* geschickt bekommt, in die mentale Karte von London zeigt sich auch exemplarisch die Bedeutung des Internets, das in Form von Sherlocks Smartphone jederzeit als eine externalisierte Erweiterung von Sherlocks Gedächtnis und dem sofortigen Abruf von Wissen jeglicher Art zur Verfügung steht. Bereits in „A Study in Pink" weiß Sherlock deshalb, wo das Mordopfer herkommt, weil er während einer kurzen Inspektion der Leiche gleichzeitig auf seinem Smartphone diverse Wetterkarten und -berichte abruft (auch hier sieht man nicht den Bildschirm des Smartphones, sondern eine neben Sherlock eingeblendete, schriftliche Repräsentation davon, etwa ein eingeblendetes Menü „UK Weather – Maps – Local – Warnings – Next 24 hrs – 7 day forecast"):

SHERLOCK:	Victim is in her late thirties. (...) Travelled from Cardiff today intending to stay in London one night from the size of her suitcase. (...)
LESTRADE:	Oh, for God's sake, if you're just making this up. (...) Cardiff?
SHERLOCK:	It's obvious, isn't it?
JOHN:	It's not obvious to me.

SHERLOCK: Dear God, what is it like in your funny little brains, it must be so boring. Her coat – it's slightly damp, she's been in heavy rain in the last few hours – no rain anywhere in London in that time. Under her coat – collar is damp too. She's turned it up against the wind. She's got an umbrella in her left-hand pocket but it's dry and unused. Not just wind, strong wind – too strong to use her umbrella. We know from her suitcase that she was intending to stay overnight so she must have come a decent distance but she can't have travelled more than two or three hours because her coat still hasn't dried. So – where has there been heavy rain and strong wind within the radius of that travel time? *(hält sein Smartphone mit dem Wetterbericht triumphierend Lestrade entgegen)* Cardiff.

Sein Smartphone dient Sherlock mit seiner Kamerafunktion außerdem als Gedächtnisstütze, so macht er zum Beispiel in „The Blind Banker" Fotos von den unbekannten Symbolen, die er entziffern soll, und in „The Great Game" benutzt er das Internet, um etwa das Erscheinungsjahr eines Turnschuhmodells oder den Tidenhub der Themse zu ‚googlen'[350], um damit den Tatzeitraum herauszufinden, oder die Webseiten von Interpol, um einen international gesuchten Killer zu identifizieren. Ebenfalls in „The Great Game" findet Sherlock die Antwort auf die Frage, wer der Mörder einer berühmten Fernsehmoderatorin war, in den Gerüchten auf den Fan-Seiten der Frau im Internet.

In „A Scandal in Belgravia" löst Sherlock schließlich einen ganzen Fall nur noch über das Internet: John hat am Tatort einen Laptop dabei („Are you set up for Wi-Fi?") und kommuniziert über die im Laptop eingebaute Kamera und das Mikrofon mit Sherlock, der in seiner Wohnung ebenfalls an einem Laptop sitzt. Während die beiden miteinander reden und Sherlock sich von John am Tatort ‚herumführen' lässt, wird die – zum Teil wegen des Herumtragens des Laptops sehr wackelige – Sicht aus einer der beiden Webcams zu der bevorzugten Kameraeinstellung, und auch die Stimmen von Sherlock und John sind durch die Übertragung leicht verzerrt. Hier wird Sherlock wortwörtlich zu einem „internet phenomenon", wie ihn Lestrade wenige Szenen vorher nennt.

Interessant ist an derselben Folge auch, dass wenn sich Sherlock seine Imagination mit Irene Adler ‚teilt' (also mit *der* Frau, *the woman*, die, was ihre analytischen Fähigkeiten betrifft, ja beinahe Sherlock ebenbürtig ist), es noch eine ganz andere Art

---

[350] Welche Webseite Sherlock wirklich als ‚Suchmaschine' nutzt, ist nicht auszumachen, da man wie bereits erläutert von seinem Smartphone selten den Bildschirm sieht, und stattdessen eine vereinfachte, schriftliche Repräsentation von dem, was Sherlock gerade in sein Smartphone eintippt oder was er angezeigt bekommt, eingeblendet wird.

der Visualisierung gibt, als es davor und danach der Fall ist, und die stark an die traumartigen Darstellungen aus Houses Unbewusstem erinnert. Sherlock und Irene ‚teilen' sich hier die Imagination in dem Sinne, als dass sich diese Bilder nie ganz eindeutig einem von beiden zuordnen lassen. Es sind immer beide gleichzeitig anwesend, sowohl in der diegetischen Serienrealität, in der sie diese Vorstellungen haben, als auch in der mentalen Vorstellung selbst. Irene löst darin unter Sherlocks Anleitung den Fall, den er wiederum früher in der Episode über die Webcam betrachtet hat (Irene nennt den Fall „the hiker with the bashed-in head"). Diese spezielle Vorstellungswelt sieht so aus, dass sich Irene und Sherlock am Tatort befinden und sich dort ganz normal bewegen, während alles andere in einem dreidimensionalen Standbild erstarrt ist (wie die halluzinierten Erinnerungen bei House), und sich diese stillstehende Vorstellungswelt nur wie auf Irenes oder Sherlocks Kommando bewegt. Anders als in Sherlocks Imagination ertönen keinerlei ‚digitale' Geräusche, sondern klassische, ‚analoge' Musik mit Klavier und Streichern. Hieraus könnte man schließen, dass die Imagination von anderen Menschen, seien sie auch beinahe so analytisch begabt wie Sherlock, eben nicht wie ein Computer oder ein Diagramm funktioniert, sondern ‚analog', wie Film und Fotografie, und dass das ‚Digitale' alleine Sherlocks spezifische Fähigkeit ist. Bei der ‚analogen' Inszenierung der Imagination als Film im Kopf, in dem die imaginierende Person wiederum als Protagonist auftaucht, ergibt sich allerdings wieder dasselbe ‚Homunkulus-Problem' wie bei *House*, dass nämlich die eigentlich interessanten Gedankenprozesse wiederum *im Kopf* der Protagonisten des *Films im Kopf* verborgen bleiben.

Betrachtet man nun Sherlock als Detektiv und Universalgenie in Bezug auf die Detektivserie als Kompensationsdiskurs der Moderne, so ist Sherlock im Gegensatz zu House oder Sauerbruch kein Detektiv mehr, welcher der Technologie überlegen ist und selbst „die avancierteste (...) Medientechnik als *defizitär* gegenüber der menschlichen Intuition"[351] ausweist. Die Technologie ist bei Sherlock aber insofern „unter menschlicher Kontrolle"[352], als dass Sherlock selbst zu einem Computer, einer Maschine, einer Art Cyborg wird, und seine Imagination zu einem Computerprogramm – schließlich ist sein Smartphone schon fast Teil seines Körpers, und dient zur Erweiterung seiner mentalen Fähigkeiten: als ‚Upgrade' seines Gedächtnisses, als Erweiterung desselben durch die immer bereit stehende, sofortige Zugriffsmöglichkeit auf alles verfügbare Wissen im Internet. Der Unterschied zu *House* wird hinsichtlich der

---

[351] Grampp und Kirchmann, „Der Arzt als Zeichenleser," S. 194. Hervorhebung im Original.
[352] Ebd.

Nutzung des Internets besonders deutlich in der Folge „Epic Fail" (S06E03): Houses Team findet nicht schnell genug eine passende Diagnose, der Patient schreibt daraufhin eine Art Diagnose-Wettbewerb im Internet aus, und der Fall wird über diese ‚Schwarmintelligenz', durch die Technologie des Internets gelöst – am Ende stellt sich dann aber heraus, dass es doch House war, der den Fall gelöst und anonym bei diesem Wettbewerb mitgemacht hat: House als Individuum triumphiert hier also letztendlich doch wieder über die Technologie. Die Visualisierung der Imagination in *Sherlock* dagegen scheint eher nahezulegen, dass – zumindest was (Medien-) Technologien betrifft – diese Technologien gar nicht mehr als *Bedrohung* des Individuums wahrgenommen werden, sondern dass Technologie in der Post-Moderne (in der simpelsten, temporären Bedeutung von ‚Post') schlicht und ergreifend schon als (nützlicher und selbstverständlicher) *Teil* des menschlichen Daseins betrachtet wird – und des menschlichen Denkens, beziehungsweise des Denkens des Detektivs und Universalgenies. Letzterer muss nicht mehr symbolisch die Kontrolle über eine als unkontrollierbare und bedrohlich empfundene Medientechnik zurückerlangen, er ist im Gegensatz dazu vielmehr ein *digital native*, ein Meister und Genie in der Nutzung dieser Technologien – und in der Verschmelzung mit ihr, so dass sogar sein Denken, seine Imagination zu einem Programm, zu Computercode, zu Programmiersprache, zu einem Diagramm, oder zu einer Datenbank, in Teilen gar zu einer Maschine wird (in „The Reichenbach Fall" sagt John zu Sherlock auch „you machine" und „there were times I didn't even think you were human"). Dabei ist Sherlock aber immer mehr als ‚nur' eine Maschine oder ein Computer: Er ‚filtert' zum Beispiel aus der Datenflut des Internets die relevanten Informationen, überführt sie sozusagen aus dem Virtuellen ins Aktuelle, er kann außerdem Wissen nicht nur abrufen, sondern auch einzelne Aspekte neu verknüpfen und Hypothesen aufstellen durch den Einsatz seiner Einbildungskraft – er verbindet also diese Technologien und deren Eigenschaften so ausgiebig und perfekt mit seinen ‚menschlichen' Fähigkeiten, dass er eben als Detektiv ‚über-menschliche' Kräfte zu haben scheint (John sagt außerdem „you were the best man, and the most human... human being that I've ever known"). Das betrifft sowohl *kommunikative* Aspekte dieser Technologien (wie das Vernetzt-Sein mit seinem *homeless network* durch sein Smartphone) als auch Eigenschaften des Computers oder des Internets im Sinne von Datenspeicher und Datenverarbeitung, also als Werkzeug oder „Denkmaschine"[353], als „Instrument der Intelligenzverstärkung"[354] im Sin-

---

[353] Sybille Krämer, „Was haben die Medien, der Computer und die Realität miteinander zu tun? Zur

ne der McLuhanschen prothetischen Erweiterung des menschlichen Körpers (oder in diesem Falle, des menschlichen Geistes). Ein Beispiel dafür wäre wieder die mentale Karte Sherlocks von London, auf der zwar – wie bei einem Computer – schlicht große, unterschiedliche Datenmengen miteinander abgeglichen werden, dazu kommt aber das Element der Fotos, die Sherlock auf dieser Karte einordnet (zu dieser Bilderkennung wäre ein Computer nur schwerlich in der Lage): ein Computer ‚weiß' zwar, dass in einem digital vorliegendem Foto einem bestimmten Pixel ein bestimmter Farbwert zugeordnet ist, er erkennt allerdings nicht ohne weiteres, was diese spezielle Kombination aus farbigen Pixeln eigentlich in ihrer gesamten Anordnung darstellt, was darauf zu sehen ist. Mit Sibylle Krämer könnte man bei *Sherlock* auch von einem „anthropomorphe[n] Schema einer Übereinstimmung von Mensch und Technik"[355] sprechen:

> Auf diesem anthropomorphen Gleis wird der Zug der Technik mit der Absicht einer Effizienzsteigerung menschlicher Arbeit in Bewegung gesetzt. Mit dem durchaus willkommenen Effekt, daß einer Technik, die als prothesenhafte Verstärkung und Entlastung des Menschen interpretiert wird, der Stachel des Fremdartigen, also gerade des Monströsen genommen ist. Das anthropomorphe Technikmodell leistet gerade dies: Das, was an den technischen Apparaturen unvertraut und ungewöhnlich ist, dem Menschen vertraut und gewöhnlich zu machen.[356]

Es liegt der Schluss nahe, dass Sherlock das Digitale, die Technologie *und* ‚analoge'[357], menschliche Fähigkeiten in ihrer Verbindung meisterhaft beherrscht, so dass er sich, was seine Imagination betrifft, ja auch in der ‚analogen' Imagination von Irene Adler zurechtfindet – ein weiterer Grund, wieso für Sherlocks Imagination oft die Form des Diagramms zum Einsatz kommt, denn „nach Goodman sind (...) Diagramme solche Symbolsysteme, die sowohl analoge als auch digitale Eigenschaften aufweisen,"[358] sie „übersetzen das durch analoge Systeme erfasste ‚Unmessbare' in

---

Einleitung in diesem Band," in: *Medien, Computer, Realität. Wirklichkeitsvorstellungen und Neue Medien.* Hg. Sybille Krämer (Frankfurt am Main: Suhrkamp, 1998), S. 9.
[354] Ebd., S. 10.
[355] Krämer, „Das Medium als Spur," S. 85.
[356] Ebd.
[357] Selbst wenn digitale Bilder insofern einen Aspekt des Analogen in sich tragen, als dass sie in ihrer ‚unendlichen Virtualität' ja ebenfalls eine gewisse ‚Stufenlosigkeit' beinhalten, macht man es sich mit einer Gleichsetzung des ‚Digitalen' mit Technologie und neuen Medien sowie dem ‚Analogen' mit ‚alten' Medien und dem Menschen natürlich zu einfach. Zum Beispiel operieren auch Synapsen im menschlichen Gehirn digital (es gibt nur die diskreten Zustände an/aus, keine kontinuierlichen, stufenlosen Signale). Man könnte allerdings sagen, dass zumindest *die populären Vorstellungen* des Analogen/Digitalen in der Serie wiederholt gegenübergestellt und verhandelt werden.
[358] Bauer und Ernst: *Diagrammatik*, S. 97.

durch digitale Systeme ‚Vermessbares'."³⁵⁹

Zwar meint man in „The Reichenbach Fall" zuerst, dass nun doch noch eine Technologiekritik einsetzt, da Moriarty einen Computercode zu besitzen scheint, mit dem er Zugang zu allen computerisierten Systemen der Welt erhält, der ihm alle Türen öffnen kann:

> SHERLOCK: Binary code (...). It was (...) hidden inside my head – a few simple lines of computer code that can break into any system. (...) but now that it's up here, I can use it to alter all the records. I can kill Rich Brook and bring back Jim Moriarty.
> MORIARTY: No, no, no, no, no, this is too easy. (...) There is no key, doofus! Those digits are meaningless. They're utterly meaningless. You don't really think a couple of lines of computer code are gonna crush the world around our ears? I'm disappointed (...) in you, ordinary Sherlock.

Es hat nämlich nie einen Code gegeben: Moriarty hat zwar bei einem Treffen mit Sherlock mit den Fingern in einem bestimmten Rhythmus auf sein Knie geklopft, und Sherlock hat daraufhin geglaubt (oder zumindest so getan), in diesem Rhythmus den geheimen Binärcode entdeckt zu haben („Every beat is a one; every rest is a zero. Binary code."). Es war aber nur ein absichtlich hinterlassener, falscher Hinweis von Moriarty (kein Binärcode, sondern der Rhythmus aus der „Partita Nr. 1" von Johann Sebastian Bach) und Teil seines Plans, Sherlock in die Irre zu führen. Alle Einbrüche, die Moriarty vermeintlich mit Hilfe dieses Codes getätigt hat, waren simple „daylight robberies" mit eingeweihten Helfern, die Moriarty bestochen hat, und diese letzte Episode beschließt mit dem Eindruck, eine gefährliche, weltbedrohende Technologie in Form von Computercode wäre letztendlich absurd (in der Serie wird dieser vorgeblich Türen öffnende Code interessanterweise als App auf Moriartys Smartphone dargestellt – als er die App öffnet, taucht die Kamera ein in einen Datentunnel aus Binärcode, der an *The Matrix*³⁶⁰ erinnert, mit weißen Einsen und Nullen vor schwarzem Hintergrund).

Allerdings verschmilzt durch die in der Serie immer wieder betonte, doppelgängerhafte Ähnlichkeit von Moriarty und Sherlock („I am you," sagt Sherlock, „You're not ordinary. No. You're me," sagt Moriarty in „The Reichenbach Fall") konsequenterweise auch Moriarty in Teilen mit den Technologien, die er benutzt: Bis zum ersten persönlichen Treffen mit Sherlock am Ende der ersten Staffel bleibt er ein gesichts-, körper- und auch bild- und stimmloses Phänomen, da er nur über Textnachrichten per

---

³⁵⁹ Ebd., S. 99.
³⁶⁰ *The Matrix* (Regie: Andy Wachowski, Larry Wachowski. USA, 1999)

Pager und Smartphone oder als blinkender Buchstabe („M") in einem Internet-Videochat auf einem Computermonitor in Erscheinung tritt. So sieht man am Ende von „The Blind Banker" auf dem Bildschirm eines Laptops drei Fenster: ein Chatfenster, in dem nur Moriarty schreibt (mit einem blinkenden ‚M' abgekürzt), ein Fenster mit dem Videobild seiner Handlangerin (die deshalb auch nichts schreibt, sondern eben per Videochat mit Moriarty kommuniziert), sowie ein drittes Fenster, in dem eigentlich Moriartys Videobild zu erwarten wäre – hier sieht man aber nur einen rot durchgestrichenen, weißen Avatar, mit der Aufschrift „No Image Available".

In einer Weise, die an Jorge Luis Borges' *Der Tod und der Kompass* erinnert, werden schließlich in „The Reichenbach Fall" die „Grenzen zwischen Subjekt und Objekt, zwischen Täter und Opfer"[361] komplett aufgelöst: Moriarty will Sherlock dadurch zerstören, dass er unter anderem mit Hilfe der Presse die Öffentlichkeit und die ‚Polizei' (also Scotland Yard) davon überzeugt, dass Sherlock nur ein Betrüger ist, und Moriarty ein Schauspieler, den Sherlock selbst angeheuert hat. Die immer spektakuläreren Fälle, die Sherlock aufklärt, erscheinen der Polizei nämlich als so unlösbar, dass deren einzig mögliche Schlussfolgerung ist, dass Sherlock diese Verbrechen selbst begangen hat, und Moriarty als den mutmaßlichen Täter selbst konstruiert hat – Sherlock wäre in dem Fall also selbst Moriarty, der Schauspieler ja nur eine ausführende Hülle. So wird selbst der Zuschauer am Ende der zweiten Staffel durch den vermeintlichen ‚Selbstmord' Sherlocks mit Zweifeln an dessen Genialität und Authentizität in die Staffelpause geschickt. Dass Sherlock aber – wie sich in der letzten Einstellung in „The Reichenbach Fall" herausstellt – seinen eigenen Tod nur inszeniert hat, legt nahe, dass er es irgendwie geschafft hat, Moriarty mit seinem Verleumdungsplan zu überlisten und die Oberhand zu bewahren. Dabei hinterlässt eine Szene (wieder in „The Reichenbach Fall") den Eindruck, dass sich Sherlock und Moriarty so ähnlich sind, dass sie die Gedanken das anderen ‚lesen' können: Sherlock und Moriarty sitzen alleine in Sherlocks Wohnung, und während Moriarty Sherlock erzählt, dass er bald tief fallen wird, und dann durch ein Pfeifen das Geräusch eines Falls nachahmt, *sieht* man zwar weiterhin eine Nahaufnahme des pfeifenden Moriarty – doch gleichzeitig hört man ihn wie aus dem Off sagen „But don't be scared. Falling's just like flying except there's a more permanent destination". Bei dem Wort ‚destination' wird wieder zum ‚richtigen' Bild gewechselt, es wird also nicht mehr aus dem Off gesprochen, sondern man sieht Moriarty dieses Wort sagen, Bild und

---

[361] Kirchmann, „The Private and the Public Eye," S. 195.

Ton passen wieder zusammen. Diese sehr auffällige Bild-Ton-Schere lässt sich als Zuschauer eigentlich nur so stimmig erklären, dass sich Sherlock und Moriarty in ihrer Genialität so ähnlich sind, dass sie sich vorstellen können oder wissen, was der andere denkt, und mehr oder weniger die Gedanken des anderen hören können.

Das ‚Hineinversetzen' in den Kopf des anderen birgt für Sherlock aber auch Gefahren: „Indem sich der detektivische Blick dergestalt ins Innere, ins Dunkle wendet, ist aber die Gefahr gegeben, daß er letztlich zum Opfer der dort vorgefundenen Phantasmen und seiner eigenen Projektionen wird"[362]. Er sieht schließlich in allem, was Moriarty tut (so auch in den eigentlich unwichtigen, un-sinnigen, rhythmischen Klopfgeräuschen der Bach-Melodie) eine „geniale Ordnung, eine tiefere Sinnebene"[363]. Ebenfalls in „The Reichenbach Fall" sagt Moriarty zu Sherlock explizit: „I knew you'd fall for it. That's your weakness – you always want everything to be clever". Es bleibt allerdings unklar, inwieweit dies Sherlock wirklich zum Verhängnis wird, und inwiefern er nur ‚mitgespielt' hat, um seinerseits Moriarty zu besiegen, da Sherlock wiederum von Moriartys Plan von Anfang an gewusst haben könnte.

3.2.5 Oberfläche und Tiefe: Sherlocks Blick und was er sichtbar macht

Auch bei *Sherlock* wird über die Blickstrukturen des Detektivs (der panoptisch-sezierende im Gegensatz zum streifenden Blick) das Verhältnis von Oberfläche und Tiefe verhandelt. So wie es bei *House* die grobe Einteilung in den oberflächlich-analytischen Blick (der von House meist an den Ambulanzpatienten demonstriert wird), den sezierenden Blick in die Körper beziehungsweise auf technologische Bilder sowie den kreativ-ästhetischen Blick nach Innen gibt, so finden sich ähnliche Einteilungen auch bei *Sherlock*.

Sherlocks analytischer Blick auf (lebende wie tote) Körper sowie auf die Spuren, die diese hinterlassen (oder auf diesen hinterlassen worden sind), ist vor allem ein Blick auf die Oberfläche dieser Körper, die sich wieder so offensichtlich der Sichtbarkeit aufdrängen, dass sie von der ‚Polizei' übersehen werden („Scotland Yard embarrassed by overlooked cues," ist in einer Zeitung zu lesen, die in „The Reichenbach Fall" gezeigt wird) – die Polizei mit ihrem panoptisch-sezierenden Blick *über-sieht* im wahrsten Sinne des Wortes, sie sieht zu sehr in die Tiefe, sie sieht zu viel, ihr

---

[362] Ebd., S. 194.
[363] Ebd., S. 195.

entgeht so das Offensichtliche[364] sowie die größeren Zusammenhänge. Dabei lässt Sherlock im Gegensatz zur Polizei auch erst die Zeichen an der Oberfläche ‚für sich sprechen', ohne zu früh – und ohne ausreichend ‚Daten' – voreilig Schlüsse zu ziehen. Als nämlich Dimmock (als Lestrades Vertreter) von Scotland Yard in „The Blind Banker" bei einem Toten von einem Selbstmord ausgeht, belehrt Sherlock diesen:

> Wrong. It's one possible explanation of some of the facts. You've got a solution that you like – but you're choosing to ignore anything you see that doesn't comply with it. (...) It is highly unlikely that a left-handed man would shoot himself in the right side of his head. Conclusion: someone broke in here and murdered him. Only explanation of all of the facts.

Die offen daliegenden Spuren bilden dann auch die Grundlage für Sherlocks Schlussfolgerungen (bei Doyle sind es die berühmten ‚brilliant deductions'), die der Zuschauer im kognitiv erweiterten Blick ja teilweise ebenfalls zu ‚sehen' bekommt. Im Fall der Frau von „A Study in Pink" weiß Sherlock zum Beispiel von dem Zustand ihres Eherings, dass sie mit wechselnden Männern fremdgeht, Dreckspritzer auf ihren Waden verraten, dass sie einen Rollkoffer dabei gehabt haben muss (und die Größe dieses Koffers), und von ihrem Mantel schließt Sherlock auf das Wetter an ihrem unbekannten Herkunftsort (den er dann wiederum über Wetterkarten in seinem Smartphone bestimmen kann). Zur Lösung der Fälle tragen oft auch Gegenstände bei, die so nebensächlich wie offensichtlich sind: Die Marke der Handcreme auf dem Tisch der Sekretärin, die Kaffeetasse mit dem nach links zeigenden Henkel (das Opfer war also Linkshänder, beides in „The Blind Banker") oder eine kolumbianische Banknote im Geldbeutel eines Verdächtigen („The Great Game"). Auch in „A Scandal in Belgravia" können sich John (und mit ihm der Zuschauer) erst einmal nicht erklären, wie Sherlock wissen konnte, dass der anonyme Auftraggeber aus Buckingham Palace ein Raucher ist – bis Sherlock als selbsterklärende Antwort einen Aschenbecher aus seinem Mantel hervorzieht, den er heimlich aus dem Palast mitgenommen hat. Sherlock nutzt die Einsicht, dass das Offensichtliche meist übersehen wird, auch gezielt für seine eigenen Zwecke aus (wie schon der ursprüngliche Sherlock Holmes), als er sich etwa in einem Museum in „The Great Game" als Museumswächter verkleidet und

---

[364] Wobei hier mit dem Offensichtlichen nicht die simpelste, naheliegendste Lösung für etwas gemeint ist, sondern offen sichtbare Spuren an der Oberfläche der Dinge: In „The Blind Banker" wäre die naheliegende (aber vorschnelle) Erklärung der Polizei, dass der Tote Selbstmord begangen hat – doch Sherlock sieht das Offen-Sichtliche, nämlich dass die Einschusswunde auf der rechten Seite des Kopfes des Toten ist, während alles in der Wohnung darauf hindeutet, dass der Tote Linkshänder war – es muss also Mord gewesen sein.

sagt: „The art of disguise is knowing how to hide in plain sight"[365].

Wohl auch dem Variationszwang der Serie geschuldet, wird im weiteren Verlauf mehr und mehr mit der Evidenzkraft der Oberfläche und des Offensichtlichen gespielt. In „The Blind Banker" scheint Sherlock zum Beispiel selbst von den Dingen an der Oberfläche geblendet zu sein: er soll einen Code entziffern, der auf einem Buch basiert (die Nummernpaare aus dem Code sind Referenzen auf eine bestimmte Seite und auf ein Wort auf dieser Seite), er weiß aber nicht, auf *welches* Buch sich der Code bezieht. Während sich Sherlock an seinem Schreibtisch immer tiefer in Notizen, Fotos, Büchern und Zeichnungen von allen möglichen Codes und Symbolen vergräbt, muss ihn erst Johns Verabredung Sarah darauf aufmerksam machen, dass die Lösung bereits die ganze Zeit ganz oben auf eben diesem Schreibtisch liegt. Dort befindet sich nämlich ein Foto des Codes, auf dem bereits zwei Wörter übersetzt wurden – was Sherlock nicht bemerkt hat, und worauf Sarah ihn hinweist:

SARAH:	Well, two words have already been translated, here.
SHERLOCK:	(...) John, look at this. Soo Lin at the museum – she started to translate the code for us. We didn't see it. (...) *(Sherlock rennt zur Tür)*
JOHN:	Where are you going?
SHERLOCK:	To the Museum. To the restoration room – I must have been staring right at it.
JOHN:	At what?
SHERLOCK:	The book, John – the book! The key to cracking the cipher! Soo Lin used it to do this. Whilst we were running round the gallery she started to translate the code. It must be on her desk!

Hier haben sich also der bereits übersetzte Code und das gesuchte Buch ebenso Sherlocks Blick entzogen, wie es sonst üblich für die ‚Polizei' ist – die in diesem Falle ebenfalls das Offensichtliche übersieht, da Inspektor Dimmock von Scotland Yard das besagte Foto mit dem bereits übersetzten Code aus dem Museum zu Sherlock bringt, und die handschriftlichen Notizen darauf nicht bemerkt, beziehungsweise diesen keine Bedeutung zuschreibt.

Eine Episode später ist wiederum das Offensichtliche nicht Ort der Wahrheit, sondern der Täuschung: Eine Fernsehmoderatorin ist „The Great Game" vermeintlich an dem gut sichtbaren Schnitt an ihrer Hand und einer Tetanusinfektion gestorben – doch

---

[365] Hier zeigt sich wieder die spiegelbildliche Konstruktion von Sherlock und Moriarty, denn auch Moriarty beherrscht diese ‚Kunst': So spaziert dieser in „The Great Game" unbehelligt in Sherlocks Labor, indem er sich als Partner der Pathologin Molly ausgibt, er verschafft sich als Tourist Zugang zu den Kronjuwelen im London Tower, und er ‚versteckt' einige seiner Opfer unbemerkt an besonders geschäftigen und menschenreichen Plätzen, wie mitten auf dem Piccadilly Circus.

Sherlock lässt sich hier vom Zu-Offensichtlichen nicht trügen, er bemerkt weniger offensichtliche, dennoch gut sichtbare Einstichwunden auf ihrer Stirn, und findet am Ende heraus, dass ihr der Schnitt an der Hand erst nach ihrem Tod zugefügt und sie mit einer Überdosis Botox vergiftet wurde. Diese Fähigkeit, zwischen dem Offensichtlichen und dem trügerischen Zu-Offensichtlichen unterscheiden zu können, beschreibt Tom Gunning in Anlehnung an Jean-Luc Godard sehr treffend: „The vacillation between the searching for the just image and the lure of ‚just an image' defines the critical energy of the detective genre in popular literature and film"[366].

Generell beherrscht Sherlock über die ganze Serie hinweg diesen streifenden (‚ästhetischen') Blick auf die Oberfläche der Dinge, er bedient sich aber ebenso des panoptisch-sezierenden, wissenschaftlich-technischen Blicks in die Tiefe: Die Lupe ist auch in *Sherlock* ständiger Begleiter des Detektivs, außerdem die Kamera seines Smartphones sowie vor allem technische Gerätschaften wie Mikroskop oder Röntgenapparat[367]. Hinzu kommen unzählige chemische Testverfahren, die Sherlock meistens im Labor des St. Bartholomew-Krankenhauses durchführt, die zum Teil computergestützt sind und einen automatischen Abgleich mit wissenschaftlichen Datenbanken erlauben (zum Beispiel zur Herkunft von Blütenpollen).

Dass Sherlock also die Tiefe sehen kann, ohne die Oberfläche aus den Augen zu verlieren (beziehungsweise, dass er den „Gegensatz zwischen Tiefe und Oberfläche überhaupt de(kon)struiert"[368]), das macht ihn schließlich so erfolgreich als *consulting detective*: „Die Überlegenheit des Detektivs ist daher weniger Ausfluß höherer Ratio, sondern als Superiorität seines Blickes zu verstehen, dem es gelingt, sezierenden und ästhetischen Blick exemplarisch aufeinander zu beziehen."[369] Dabei operiert der Detektiv als ‚Umverteiler' des Wahrnehmbaren, als (Wieder-) Sichtbarmacher des temporär Unsichtbaren, das aber immer Spuren hinterlässt, er schließt Lücken im Geflecht des Sichtbaren und schafft es somit, „die zeitweilig bedrohte Hegemonie des panoptischen Diskurses wieder herzustellen"[370].

---

[366] Tom Gunning: „Lynx-Eyed Detectives and Shadow Bandits: Visuality and Eclipse in French Detective Stories and Films before WWI," *Yale French Studies*, Nr. 108 (2005): S. 88.
[367] In „A Scandal in Belgravia" macht Sherlock zum Beispiel Röntgenbilder von Irene Adlers Smartphone, in welches er sowohl hardware-technisch – zumindest a-medial – nicht hineinschauen kann (es hat einen Selbstzerstörungsmechanismus, wenn man versucht, es zu öffnen), als auch software-technisch (es ist gesperrt und Sherlock kennt den richtigen Code nicht, um es zu entsperren).
[368] Krumme: *Augenblicke*, S. 13.
[369] Kirchmann, „The Private and the Public Eye," S. 188.
[370] Ebd., S. 184.

Dieses Wechselspiel des Sichtbaren und des Unsichtbaren gestaltet sich bei *Sherlock* zunehmend diffizil, wie in „The Reichenbach Fall": Ein Unbekannter hat ein Geschwisterpaar aus einem Internat entführt, vermeintlich spurlos, ungesehen sogar von den Überwachungskameras vor der Schule[371]. Sherlock sieht allerdings, dass im Raum des entführten Jungen jede Menge Spionromane stehen, und dass der Junge durch den Lichteinfall an der halbdurchsichtigen Glastür den Eindringling hätte kommen sehen müssen. Er schließt daraus, dass der Junge noch schnell ein Zeichen hinterlassen haben muss, und nachdem Sherlock an seinem Cricketschläger riecht, findet er auch eine leere Flasche Leinsamenöl unter dem Bett – eigentlich ein unsichtbares Holzschutzmittel für den Schläger, welches aber grell unter ultraviolettem Licht leuchtet. Mit einer UV-Lampe sieht Sherlock schließlich nicht nur einen an die Wand geschriebenen Hilferuf, sondern auch eine Spur von Fußabdrücken des Entführers, von denen Sherlock Proben mit ins Labor nimmt:

> The oil in the kidnapper's footprint – it'll lead us to Moriarty. All the chemical traces on his shoe have been preserved. The sole of the shoe is like a passport. If we're lucky we can see everything that he's been up to.

Es ist hier also gerade das Unsichtbare, das vermeintlich *alles* sichtbar machen kann. Mit Hilfe des Mikroskops, Datenbanken und diversen chemischen Tests im Labor findet Sherlock in diesen Fußabdrücken schließlich die fünf Hinweiselemente, die ihn dann über seine mentale Karte zur verlassenen Schokoladenfabrik und den entführten Kindern führen. Diese Rückführung des Unsichtbaren unter die Kontrolle des ‚panoptischen Diskurses' erscheint aber der ‚Polizei' (also Scotland Yard) als so unfassbar, so sehr „dem Magischen verhaftet"[372], dass sie nur noch an einen ‚faulen Zauber' glauben kann: Sherlock wird daraufhin beschuldigt, dass er diesen Fall nur deshalb lösen konnte, weil er das Verbrechen selbst begangen und die Spuren eigenhändig gelegt hat – was wiederum Moriartys Plan war.

An dem Beispiel mit dem entführten Jungen zeigt sich außerdem, dass zu Sherlocks

---

[371] Natürlich war es Moriarty, der hier wieder – wie Sherlock – ausnutzt, dass man sich paradoxerweise an Orten gesteigerter Sichtbarkeit am besten verstecken kann: Er hat sich am Vortag unter die Eltern gemischt, die ihre Kinder zum Ferienanfang abgeholt haben, und sich dann einfach im Gebäude versteckt gehalten. Hier zeigt die Detektivserie dem Panoptismus und der Überwachung mit Kameras die Grenzen auf, paradoxerweise dem Sichtfeld entrückt durch *hiding in plain sight*.
[372] Kirchmann, „The Private and the Public Eye," S. 186.

Blick auf die Oberfläche, in die Tiefe sowie dem mentalen Blick nach Innen eigentlich noch der Blick aus der Perspektive von anderen Menschen[373] gehört:

> Hierzu zählt zum einen die Fähigkeit, sich in den Blick des anderen (...) hineinzuversetzen, das Feld der verborgenen und der sichtbaren Erscheinungen nunmehr aus dessen Perspektive wahrzunehmen. Zu diesem Polyperspektivismus ist der rein panoptisch-technische Blick verständlicherweise nicht fähig, begreift er sich doch schon als die *ultima ratio* aller Perspektiven schlechthin.[374]

Sherlock versetzt sich dementsprechend, als er im Zimmer des entführten Jungen steht, genau in die Perspektive dieses Jungen hinein, er versucht, die Tat aus dessen Augen zu sehen:

> The boy sleeps there every night, gazing at the only light source outside in the corridor. He'd recognise every shape, every outline, the silhouette of everyone who came to the door. (...) So someone approaches the door who he doesn't recognise, an intruder. Maybe he can even see the outline of a weapon. What would he do in the precious few seconds before they came into the room? How would he use them if not to cry out? This little boy, this particular little boy, who reads all of those spy books. What would he do?

In diesem Fall nimmt zwar nicht die Kamera die Perspektive des Jungen ein – aber man hört Kinderschreie, es gibt also einen *akustischen* POV.

Deutlicher *visuell* inszeniert wird Sherlocks Polyperspektivismus wenn er sich nicht nur in das Opfer, sondern auch in den Täter hineinversetzt: In „A Study in Pink" weiß Sherlock, dass der Mörder jemand ist, der seine Opfer unbemerkt von öffentlichen Plätzen entführen und an abgelegene Orte bringen kann. Als dann ein Taxifahrer in Sherlocks Wohnung steht (er hat eine Plakette mit seiner Taxi-Nummer umhängen), realisiert Sherlock, dass der Mörder ein Taxifahrer sein muss. Zuerst verlangsamt sich dabei das Filmbild zur Zeitlupe und es ertönt das Ticken einer Uhr – wie beim Blick nach Innen, als Sherlock den ‚Code' mit den Flugzeugsitznummern knackt. Es handelt es sich jetzt also um Sherlocks *mentale* Zeit: Um für den Zuschauer darzustellen, wie schnell Sherlock denkt, werden seine Gedanken zu ‚normaler' Geschwindigkeit verlangsamt – und die Welt um ihn herum zur Zeitlupe. Während die Kamera nun um Sherlock herum kreist, sieht man – zuerst halb-nah, dann nah – die Plakette mit der Aufschrift „cab driver" um den Hals des Taxifahrers, und aus dem Off hört man Sherlocks Stimme: „Who do we trust, even if we don't know them?

---

[373] Auch Poes Detektiv Dupin löst den Fall in *The Purloined Letter* durch das Einnehmen der Perspektive des Täters.
[374] Kirchmann, „The Private and the Public Eye," S. 188. Hervorhebung im Original. Oder mit den Worten Krummes: „(...) *he spoke, as nobody else, the language of every body*". Krumme: *Augenblicke*, S. 164. Hervorhebungen im Original.

Who passes unnoticed wherever they go? Who hunts in the middle of a crowd?" – Sätze, die Sherlock im Laufe der Folge bereits einmal gesagt hat, und an die er sich anscheinend gerade erinnert. Dazu sieht man mentale Bilder Sherlocks, der anscheinend vor seinem geistigen Auge nacheinander sieht, warum und wie sich die bisherigen vier Opfer gerade ein Taxi rufen – immer wieder überblendet mit einer Nahaufnahme von Sherlocks Gesicht zurück in seiner Wohnung, um das die Kamera immer noch in Zeitlupe kreist. Bei drei Opfern steht die Kamera dabei an einem ‚neutralen' Beobachterpunkt, sie setzt aber zumindest die Kreisbewegung der Kamera um Sherlock herum teilweise fort. Bei einem jedoch ist die Kamera *im Taxi*, auf dem Fahrersitz, es ist ein (vorgestellter) POV-Shot vom Täter, der gerade auf sein Opfer blickt – Sherlock versetzt sich hier also direkt in den Mörder hinein. Der Detektiv kann also unter anderem deshalb mehr sehen, mehr sichtbar machen als der rein panoptisch-sezierende Blick, da er neben diesem und dem oberflächlichen Blick auch noch andere Perspektiven einnehmen kann, von denen aus er blickt, sei es die des Täters oder des Opfers.

3.2.6 Das Undarstellbare der Imagination

Nachdem wir nun gesehen haben, *was* Sherlock sichtbar macht und *wie* sein Blick auf die Welt und seine Imagination inszeniert werden, stellt sich gleichwohl die Frage, was davon wiederum im Verborgenen bleibt. Zwar wird dem Zuschauer entweder durch den diagrammatischen Blick nach Innen oder durch (erinnerte) Vorstellungsbilder an manchen Stellen mehr oder weniger eingeschränkt Zugang gewährt zu Sherlocks Imagination – an anderen Stellen dagegen bleibt der Zuschauer genauso außen vor wie John oder Lestrade um Sherlock herum. Kurz bevor Sherlock in „A Study in Pink" die Begegnung (und die damit einhergehende Erleuchtung) mit dem Taxifahrer hat, versucht er angestrengt zu überlegen, warum das Opfer ‚Rache(l)' in den Boden gekratzt hat. Er weist alle Anwesenden (John, Lestrade, Mrs. Hudson) an, still zu sein, damit er sich konzentrieren kann, und während er noch ermahnend „Mrs. Hudson!" ruft, scheint er eine Eingebung zu haben, die sich allerdings nur in einem freudig-erleichterten Gesichtsausdruck äußert sowie durch einen Ausruf des Erstaunens – der Zuschauer bekommt hier keinerlei Einblick in das, was in Sherlocks Kopf vorgeht:

> SHERLOCK: Oh... Ah! She was clever. Clever, yes! She's cleverer than you lot and she's dead. Do you see, do you get it? She didn't lose her phone, she never lost it. She planted it on him. When she got out of the car, she knew

	that she was going to her death. She left the phone in order to lead us to her killer.
LESTRADE:	But how?
SHERLOCK:	What do you mean, how? Rachel! Don't you see? Rachel! Oh… Look at you lot. You're all so vacant. Rachel is not a name.

Sherlock erklärt dann, dass ‚Rachel' das Passwort zum E-Mail-Account ihres Smartphones ist, welches sie im Taxi des Mörders absichtlich hat liegen lassen – und mit dem Passwort lässt sich das Telefon (und damit der Aufenthaltsort des Mörders) per GPS im Internet verfolgen. An dieser Stelle teilt der Zuschauer bis zu dieser Erklärung die ‚entspannte' Ahnungslosigkeit mit den Anwesenden („Is it nice not being me? It must be so relaxing" sagt Sherlock an anderer Stelle in derselben Folge), die Sherlock wiederum gar nicht fassen kann. Diese Oh!-Momente finden sich konsequent über alle Episoden hinweg.

Auch beim diagrammatischen sowie bei dem ‚erinnerten' Blick, der ja eigentlich Sherlocks Imagination sichtbar machen soll, finden sich diese Momente, an denen trotz allem das Entscheidende unsichtbar bleibt: Bei dem Beispiel mit dem Code und dem Flugzeugdiagramm wird zwar dargestellt, wie sich die ratternden Zahlen und Buchstaben vor Sherlocks ‚geistigem Auge' dem Alphabet nach ordnen und in Kästchen zusammenfügen. Wieso Sherlock aber gleichzeitig bereits herausgefunden hat, dass es sich um den „Seven Forty-Seven leaving Heathrow tomorrow at six thirty in the evening for Baltimore" handelt, wird in keinster Weise inszeniert, sondern wieder nur von Sherlock verbal retrospektiv erklärt:

> Only a Jumbo is wide enough to need the letter 'K' or rows past fifty-five, which is why there's always an upstairs. There's a row thirteen, which eliminates the more superstitious airlines. Then there's the style of the flight number – zero zero seven – that eliminates a few more; and assuming a British point of origin, which would be logical considering the original source of the information and assuming from the increased pressure on you lately that the crisis is imminent, the only flight that matches all the criteria and departs within the week is the six thirty to Baltimore tomorrow evening from Heathrow Airport.

Ebenso verhält es sich mit Sherlocks Gedankenpalast, mit dem man zwar seine Assoziationskette von Gedanken nachvollziehen kann, diese Assoziationen haben aber mit der eigentlichen Lösung gar nichts zu tun. Am Ende dieses Gedankenspiels steht also wieder ein Oh!-Moment und Geistesblitze (wie das Wort ‚Indiana', bei dem aber weder gezeigt wird, wie Sherlock darauf gekommen ist, noch, was es bedeutet), die wiederum nicht weiter visualisiert, sondern nur später verbalisiert werden. Ähnliches passiert bei Sherlocks Erinnerungen, die ja ebenfalls nur punktuell Einsicht in seine

Vorstellung erlauben.

Dass es sich bei dieser Art der Vorstellung und der Wissensproduktion prinzipiell um ein ‚stummes' Wissen handelt, das sich in seiner Entstehung weder erklären noch in Regeln fassen lässt und damit auch etwas Undarstellbares bleibt, scheint auch die immer wiederkehrende Rotationsbewegung der Kamera um Sherlock herum nahezulegen: Sie bewegt sich nicht etwa immer näher auf Sherlocks Kopf (also auf sein Gehirn und seine Gedanken) zu, was prinzipiell implizieren würde, dass die Kamera irgendwann in den Kopf ‚hineinfahren' und die Vorgänge darin sichtbar machen könnte – sondern sie dreht sich im Kreis um Sherlock herum, immer im selben Abstand, bleibt also immer außen vor und kann nie das Gehirn als das implizierte Zentrum des Kreises erreichen. Wenn außerdem wie beim diagrammatischen Blick einzelne Elemente aus Sherlocks Imagination externalisiert werden und um ihn herum schweben, so befinden sich diese auch immer zwischen der Kamera (dem Zuschauer) und Sherlock selbst, sie wirken dabei fast wie eine Mauer, sie schaffen Distanz zwischen dem Zuschauer und Sherlock, sie schirmen *(screen)* den Zuschauer ab von Sherlocks verborgen bleibender, gesamter Gedankenwelt, seiner ‚Datenbank' – wenn man die Computermetaphorik weiter fortführen wollte, könnte man auch sagen, der Zuschauer sieht auf diesem *mind-screen* zwar das Interface, auf dem Sherlock navigieren kann, bekommt damit allerdings auch keinen weiteren Einblick in das Innere des ‚Computers', der ‚Festplatte' oder dem ‚Prozessor'. In diesen verborgen bleibenden, ‚magischen' Momenten, in denen Sherlock seine unsichtbar bleibenden Erleuchtungen hat, gleicht er aber auch einem Zauberer, der seine Tricks nicht verraten kann, da sich der ‚Trick' (oder auch die kreativ-ästhetische Abduktion) weder vollständig erklären, noch in Bilder oder Worte fassen lässt: er bleibt „sorgsam gehütetes Geheimnis einer ästhetischen Kreation"[375].

Was ‚einfachere' Schlussfolgerungen betrifft, scheint dagegen paradoxerweise gerade die Nicht-Darstellung eine effektive Form der Visualisierung zu sein: Zieht man das Beispiel mit den aufeinanderfolgenden POV-Shots von dem blutigen Ring und der Wunde in Mrs. Hudsons Gesicht heran, so findet die Schlussfolgerung (‚es war der CIA-Agent, der Mrs. Hudson geschlagen hat') ja gerade nicht explizit im Bild selbst, sondern in den Köpfen der *Zuschauer* statt. An dieser Stelle teilt der Zuschauer also in dem Sinne Sherlocks Imagination, als dass er nicht nur der Vorstellung von Sherlock zusieht, sondern *dasselbe* wie er imaginiert – nicht in, sondern ‚zwischen' den

---

[375] Kirchmann, „The Private and the Public Eye," S. 194.

Filmbildern. *Sherlock* ermöglicht dem Zuschauer also beides: Den (unvollständigen) Einblick in die Imagination des Detektivs zu bekommen oder gar selbst Detektiv sein zu dürfen und ‚kleinere' Eingebungen mit Sherlock zu teilen – aber auch die freudige Überraschung, das Staunen über die im Verborgen bleibende, kreative Abduktion.

4. Zusammenfassung

Betrachtet man nun abschließend die beiden Detektivserien, so lässt sich festhalten, dass sie sowohl die Aufteilung des Wahrnehmbaren und Sichtbaren der (Serien-) Welt kommentieren, als auch sich selbstreflexiv auf ihre eigene Rolle im Geflecht des Sichtbaren hin denken. Dabei ist die Serialität bei *Sherlock* und bei *House* insofern mit der Visualisierung der Imagination des Detektivs verknüpft, als dass sie vor allem ein Versprechen darstellt: nämlich das, beim nächsten Mal noch mehr der genialen detektivischen Gedankengänge sichtbar zu machen, dem Zuschauer noch tiefgehender Einblick in den Kopf des Detektivs zu ermöglichen. In *House* positioniert sich die Kamera hierbei wahrlich als panoptischer Sichtbarmacher, der barrierefrei bis ins Innere der Körper, bis zu den kleinsten Strukturen vordringen kann – bis hinein zu den Nervenzellen im Gehirn des Detektivs. Bei *Sherlock* wird gar das Innerste nach Außen gekehrt, Innen und Außen wird ununterscheidbar: Sherlocks Gedanken erscheinen externalisiert, und sein geistiges Auge richtet sich wie die Augen des Zuschauers auf diese veräußerlichten mentalen Prozesse. Trotz allem muss dieses Versprechen auf die totale Sichtbarmachung immer ein Versprechen bleiben, das sich nie ganz erfüllen lässt – ein Versprechen, das immer weiter in eine unbestimmte Serienzukunft verschoben wird. Dies ist zum einen wiederum der Serialität der Serie geschuldet, denn würde sie alles sichtbar machen, könnte sie ja kein Versprechen auf ein ‚noch mehr' abgeben, sie könnte ihrem Innovationszwang nicht mehr gerecht werden. Zum anderen liegt es auch darin begründet, dass sich die Eingebung des Detektivs, die ‚glückliche Abduktion', nie ganz erklären oder rationalisieren lässt. Damit kann sie als ‚stummes Wissen' weder in Bildern noch in Sprache/Schrift (oder Kombination derselben) ganz aufgehen, es bleibt immer ein undarstellbares, unsichtbares, ‚magisches' Moment, das dem Zuschauer und selbst dem Detektiv verborgen bleiben muss.

Die Figur des Detektivs ist dabei auch und vor allem eine *ästhetische* Figur, und zwar durchaus im Rancièrschen Sinne, denn der „(...) Einspruch gegen die Grenzen und Begrenzungen dessen was als (...) Welt wahrnehmbar ist, stellt für Rancière die genuin ästhetische Aktivität dar"[376]. Wenn Kirchmann schreibt, dass das Detektivgenre „nicht zufällig (...) in und mit der frühen Moderne" aufgrund „veränderter Blick- und Sichtbarkeitsverhältnisse"[377] entstanden ist, dann könnte man auch sagen, die Detektivfigur taucht ebenso nicht zufällig zeitgleich mit dem ästhetischen Regime der

---

[376] Kappelhoff, „Utopie Film," S. 163.
[377] Kirchmann, „The Private and the Public Eye," S. 174.

Künste auf, das ja mit der ästhetischen Revolution eine Redistribution des Wahrnehmbaren, des Sichtbaren, eben der ‚Sichtbarkeitsverhältnisse' mit sich bringt. Die strengen Hierarchien des repräsentativen Regimes werden für den Detektiv (wie auch für den Arzt oder den Psychoanalytiker) insofern hinfällig, als dass alle Informationen erst einmal gleichwertig sind, es gibt keine unwichtigen Details und keine unwichtigen Perspektiven mehr – wie Sherlock sagen würde, es geht eben um *all the facts*, und nicht um *some of the facts*, es ist gerade der Polyperspektivismus des Detektivs, das gleichberechtigte Dasein aller möglichen Blickarten oder „Brennweiten"[378] des detektivischen Blicks, das den Erfolg des Detektivs gegenüber der Polizei ausmacht. Gleichzeitig stehen Sherlock wie House als Genies für die Einheit von ‚thought and non-thought', sie wissen und gleichzeitig wissen sie nicht: „(...) a genius is also someone who does not know what he is doing or how he does it"[379] – einer der Grundgedanken des ästhetischen Regimes:

> (...) a product identical with something not produced, knowledge transformed into non-knowledge, *logos* identical with *pathos*, the intention of the unintentional, etc. This idea of a regime of the sensible that has become foreign to itself, the locus for a form of thought that has become foreign to itself, is the invariable core in the identifications of art that have configured the aesthetic mode of thought from the outset (...).[380]

Hier ergeben sich wieder Parallelen zwischen Rancière und Deleuze, denn wie für Rancière der Film *die* ästhetische Kunstform in seiner Einheit von Denken und Nicht-Gedachtem ist, so illustrieren für Deleuze ebenso „Filme (...) nicht etwa das Denken, sondern vergegenwärtigen vielmehr das Undenkbare im Denken, den ‚Kern des Denkens'"[381].

House und Sherlock kommen zwar immer auf die Lösung, aber sie können doch immer nur in dem Versuch scheitern, das *wie* ihrer Lösungsfindung vollständig zu erklären oder sichtbar zu machen. Rationalität und Kreativität, Wissenschaft und Kunst, ästhetischer Blick und „maschinelle Wahrnehmungspotenz"[382], Technologie und Biologie, Oberfläche und Tiefe, Bewusstsein und Unbewusstes, (geistige) Aktivität und Passivität, Innen und Außen werden ununterscheidbar – und genau diese Ununterscheidbarkeit vormaliger Gegensätze ist ja genau Kennzeichen des ästhetischen Regimes. Auch die klare Trennung von Subjekt und Objekt wird aufgeweicht:

---

[378] Ebd., S. 188.
[379] Rancière: *The Future of the Image*, S. 119.
[380] Rancière: *The Politics of Aesthetics*, S. 23. Hervorhebungen im Original.
[381] Beuthan: *Das Undarstellbare: Film und Philosophie. Metaphysik und Moderne*, S. 201.
[382] Kirchmann, „The Private and the Public Eye," S. 188.

In *House* wird der Mensch als Subjekt durch den ärztlichen und den apparativ-technologischen Blick selbst zum Objekt, sein Körper zu einem *Screen*, sein Gehirn und seine Gedanken zum fMRI-Bild, gleichzeitig ist House ja selbst sein treuester Patient, und auch Sherlock verschmilzt mit Moriarty zu ein und derselben Person. Bei *Sherlock* kommt außerdem hinzu, dass auch die Relation von Sprache und Schrift thematisiert wird: War die Sprache dem repräsentativen Regime zugeordnet, so steht die Schrift unter dem Zeichen des ästhetischen Regimes. Rancière sieht nämlich im Übergang vom repräsentativen zum ästhetischen Regime auch ein Ende der Vorherrschaft der gesprochenen Sprache und damit einhergehend einen Aufstieg der Schrift:

> (...) writing is the mode of speech that corresponds to the aesthetic revolution: the contradictory mode of a speech that speaks and keeps silent at the same time, that both knows and does not know what it is saying.[383]

Während im repräsentativen Regime durch eine angemessene Verteilung von sprechenden Körpern eine bestimmte geäußerte Botschaft auch nur ‚angemessene' Empfänger erreichte, zirkuliert die entkörperlichte Schrift im ästhetischen Regime frei und ungeachtet von Grenzen und Hierarchien (Rancière nennt dies auch *té*[384]*)*, der Gleichheitsanspruch des geschriebenen Wortes „undermines the sensible coordinates of the representative regime of art"[385]. Auch in *Sherlock* wird Sprache nun in der Schrift entkörperlicht: sie lässt sich zwar noch einem Geist zuordnen, aber keinem Körper, sie macht dadurch andere Dinge wahrnehm- und sichtbar, wie es Sherlocks sprachliche Äußerungen tun könnten.

Gleichzeitig wird aber in *Sherlock* und *House* auch deutlich, dass die drei Regime der Künste nicht von einem strengen Nacheinander, sondern von einem Nebeneinander geprägt sind, auch innerhalb eines Textes: Nicht nur das ästhetische und das repräsentative Regime, die im Film konstitutiv ja immer schon in einem Widerstreit zueinander stehen, sondern auch das ethische Regime. Letzteres spielt insofern eine Rolle, als gerade bei *House* der ontologische Status und die Aussagekraft der medizinisch-technischen Bilder permanent verhandelt werden, und diese Bilder dem ethischen Regime zugesprochen werden können: „In diesem Regime ist ein Portrait oder eine Statue immer ein Bild von jemandem und bezieht ihre Rechtmäßigkeit aus ihrem Verhältnis zu dem Menschen (...), den sie darstellt."[386]

---

[383] Rancière: *The Aesthetic Unconscious*, S. 33.
[384] Vgl. Rancière: *The Politics of Aesthetics*, S. 87.
[385] Ebd.
[386] Jacques Rancière: *Der emanzipierte Zuschauer*. Wien: Passagen Verlag, 2009, S. 132.

Auch der Detektiv selbst ist nicht nur eine ästhetische Figur: Er steht nämlich auch insofern im Dienste des repräsentativen Regimes, als er durch seine Imagination und die abduktive Hypothesenaufstellung immer jemand ist, der einzelne, unzusammenhängend erscheinende Informationen oder Umstände retrospektiv zu einer Geschichte verwebt, einem Narrativ, einem Plot – sei es die Geschichte eines Patienten oder die eines Mordfalls und des Mörders. Wie die *film fable* an sich ist also auch die Detektivfigur selbst ‚durchkreuzt', sie vereint Merkmale beider Regime in sich: eine Figur im Dienste des repräsentativen Regimes, die sich aber der Methoden des ästhetischen Regimes bedient. Zur Genialität des Detektivs gehört ja unter anderem, dass er mit beiden Modellen des ästhetischen Unbewussten vertraut ist, mit beiden Varianten der *mute speech*: Sowohl die stumme Sprache der zu entziffernden Spuren auf der Oberfläche der Dinge, als auch die vollkommen stimmlosen Dinge selbst, „speaking to no one and saying nothing but the impersonal and unconscious conditions of speech itself"[387]. Diese Polarität des ästhetischen Unbewussten muss der Detektiv beachten, denn kann er diese nicht mehr unterscheiden, droht er, „Opfer (...) seiner eigenen Projektionen"[388] zu werden, wenn er in allem (einem Fleck auf einem MRI, Moriartys rhythmischem Klopfen) eine „tiefere Sinnebene", eine „geniale Ordnung"[389] sieht – man könnte auch sagen, wenn er im (Hintergrund-) Rauschen eine Botschaft zu erkennen glaubt, die nie ein Botschaft und doch nur Rauschen war. Diese eigentlich ‚stimmlosen' Pseudo-Botschaften sind es dann auch, die imstande sind, die „logic of a well-arranged story and a rational composition of elements"[390] zu untergraben – oder zu ‚durchkreuzen'.

Des Weiteren eröffnet die Inszenierung von Sherlocks Imagination als Datenbank sowie die generelle ‚Datenbankästhetik' in der Serie spannende (und unerwartete) Anknüpfungspunkte und Parallelen zwischen Lev Manovichs Konzeption der ‚neuen' Medien und Rancières ästhetischem Regime: Beide begreifen die Postmoderne nicht als Bruch mit der Moderne, sondern als eine kontinuierliche Entwicklung[391], beide erkennen im Film (als *die* ästhetische Kunstform einerseits, als erstes ‚neues' Medi-

---

[387] Rancière: *The Aesthetic Unconscious*, S. 39.
[388] Kirchmann, „The Private and the Public Eye," S. 194.
[389] Ebd., S. 195.
[390] Rancière: *The Aesthetic Unconscious*, S. 63.
[391] „If the 1980s' concept of ‚postmodernism' implied a break with modernity, we now seem to prefer to think of cultural history as a continuous trajectory through a single (...) aesthetic space." Manovich: *The Language of New Media*, S. 284.

um andererseits) eine „flattening of hierarchy"[392], und bei beiden befindet sich der Film konstitutiv in einem Widerstreit – nämlich zwischen der hierarchisch organisierten Erzählung, dem Plot (dem repräsentativen Regime zugeordnet) und der ‚dehierarchisierenden' Datenbank[393] an einzelnen Bildern (in ihrer reinen Visualität dem ästhetischen Regime zugeordnet), aus denen jeder Film erst einmal zusammengesetzt werden muss, um zu einer Erzählung zu werden: „(...) film editing in general can be compared to creating a trajectory through a database"[394].

Nun ist die Serie *Sherlock* in ihrer filmischen Darstellungsweise und auf der Ebene der Erzählung sicherlich überwiegend dem repräsentativen Regime zuzuordnen – umso interessanter, dass die Serie bei der Inszenierung von detektivischer Imagination zumindest suggeriert, sie könne genauso gut die Datenbank als Darstellungsform wählen, gar selbst zu einer Datenbank werden. Auf einer selbstreflexiven Ebene scheint hier nämlich das Fernsehen die Imagination des Detektivs zum Anlass zu nehmen, sich selbst als das eigentliche Universalmedium zu konzipieren: Als ein Medium, das nicht nur die universale, pan-optische Sichtbarmachung des Unsichtbaren verspricht (sowohl was das unsichtbare Innere des menschlichen Körpers als auch den Geist, die Imagination selbst betrifft), sondern auch als das Medium, das andere Medien zu diesem Zweck ‚einverleiben' und im (mal mehr, mal weniger ja selbst computeranimierten) Fernsehbild vereinen kann: seien es medizinische Bildmedien in *House*, sei es die Schrift in *Sherlock* (anhand derer sich durch eine Gegenüberstellung des Sichtbaren und Sagbaren zwar spezifische Beschränkungen des Sichtbaren, des Bildes zeigen – diese Beschränkung hebt aber das Fernsehen gleich dadurch wieder auf, dass es in *seinen* Bildern einfach beides zeigt, und sich der Schrift demonstrativ ‚bemächtigt'), oder sei es gleich das konkurrierende Universalmedium, gegen das sich das Fernsehen hier positioniert, nämlich der Computer und der ihm eigene Binärcode. Die eigentlich unsichtbaren Vorgänge des Bewusstseins werden in *Sherlock* schließlich als die Operationen eines Computers visualisiert, was aber wiederum im Fernsehbild selbst passiert – und als eine Verschmelzung, eine Darstellung des einen Mediums in einem anderen, über eine reine *Beobachtung* des Mediums ‚Computer' im Fernsehen hinausgeht. Man könnte fast sagen, das Fernsehen versucht hier gar den Binärcode insofern in einer Art Mimikry nachzuahmen, als dass es sich als ein Medium konstruiert, in das „beliebige andere Zeichensysteme übertragen werden kön-

---
[392] Ebd.
[393] „(...) database and narrative are natural enemies." Ebd., S. 225.
[394] Ebd., S. 240.

nen,"³⁹⁵ wie Sybille Krämer den Binärcode beschrieben hat. In diesem Zusammenhang gewinnt auch der Umstand an Bedeutung, dass in *Sherlock* am Ende von „The Reichenbach Fall" der gesuchte Binärcode, der angeblich alle Türen zur Welt öffnet, eben nicht mehr als ein paar Zeilen bedeutungsloser Code ist – womit sich das Fernsehen weiterhin selbst (in Konkurrenz zum gemeinhin eher als Universalmedium bekannten Computer) als das eigentliche ‚Fenster', die eigentliche ‚Tür' zur Welt zu positionieren versucht.

Am Ende ist es die Detektivfigur selbst, welche die vermeintlich grenzenlose Sichtbarmachung in die Schranken weist: „(...) he is, at times, the panoptic surveillant (...). But Holmes is also a spectacular example of the limits of that discipline, its oversights and shortcomings (...)"³⁹⁶. Der Detektiv operiert zwar genau entlang dieser Grenzen des Wahrnehmbaren, er kann sie verschieben und das Noch-Nicht-Sichtbare sichtbar machen, er mag manchmal sogar wie der ultimative Handlanger der Polizei und des Panoptismus selbst wirken, da er die „zeitweilig bedrohte Hegemonie des panoptischen Diskurses"³⁹⁷ wieder herstellt, und sein teilweise maschineller Blick ja auch den panoptischen Blick der Kamera selbst widerspiegelt.³⁹⁸ Er stellt aber auch die *Grenze* zum Unsichtbaren heraus, und mit dieser Grenzziehung weist er eben gleichzeitig auf den Umstand hin, dass immer etwas unsichtbar bleibt, was sich jenseits dieser Grenze befindet: „Ein sich verbergendes Objekt weist auf sich selbst hin, indem es eine Leerstelle im vorgeblich lückenlosen Netz der gesellschaftlichen Handlungsketten markiert"³⁹⁹.

An dieser Stelle ist man schließlich wieder beim Detektiv als Kompensationsfigur für Entwicklungen der ‚Moderne' angelangt (man könnte auch sagen „(...) images of the mass media show the social unconscious, (...) collective desires and fears"⁴⁰⁰), und zwar vor allem das Verhältnis der Gesellschaft zu ihren Medien und Medientechnologien betreffend: Bei Sherlock das Verhältnis zu den ‚neuen' Medien als Erweiterung des menschlichen Geistes und ihre vollkommene Durchdringung des gesellschaftlichen Lebens, bei *House* das Verhältnis des Menschen als Subjekt zu den bild-

---

[395] Krämer, „Was haben die Medien, der Computer und die Realität miteinander zu tun?," S. 12.
[396] Wiltse, „Sherlock Holmes and Seriality," S. 118.
[397] Kirchmann, „The Private and the Public Eye," S. 184.
[398] In diesem Zusammenhang erscheint es bezeichnend, dass die ersten tragbaren Fotoapparate anfänglich unter dem Namen der „detective camera" bekannt waren. Tom Gunning, „Embarrassing Evidence: The Detective Camera and the Documentary Impulse," in: *Collecting Visible Evidence*. Hg. Jane M. Gaines und Michael Renov (Minneapolis: University of Minnesota Press, 1999), S. 48.
[399] Kirchmann, „The Private and the Public Eye," S. 183.
[400] Weibel, „Pleasure and the Panoptic Principle," S. 210.

gebenden Verfahren der Medizin, die zwar einen zweifelhaften indexikalischen Status innehaben, die ihn aber selbst zum Objekt werden lassen, da sie anscheinend immer tiefer nicht nur in unsere Körper, sondern auch in unsere Gehirne eindringen und alles sichtbar machen können:

> Wir haben ein Gehirn, aber wir sind keines. (...) alles wird zum Außen. (...) Die Dekade des Gehirns, die naturwissenschaftliche Erforschung des Geistes, die medizinisch-technische Eroberung des Gehirns, beide lösen den letzten Rückzugspunkt auf, um die Bilder von ‚Innen und Außen' und ‚Haben oder Sein' in ein stabiles Gleichgewicht zu bringen.[401]

Diese Medientechnologien werden also wiederum im (technischen) Medium Fernsehen beobachtet, und House als Arzt und Detektiv sorgt nun symbolisch dafür, dass auch hier immer ein unsichtbarer, unerklärbarer Rest verbleibt: Der Körper und unser Gehirn lassen sich eben nicht vollständig als Objekt in Bildern erfassen. Die Fernsehserie bietet somit ein symbolische Antwort auf eine Frage, die das ‚soziale Unbewusste' zu beschäftigen scheint:

> (...) die Eroberung des Körpers durch die Medien, seine immer genauere Durchleuchtung und Durchsichtigkeit konfrontiert nicht nur das Kino, sondern auch die Medizin, ja die gesamte Gesellschaft mit der Frage: was macht den Menschen aus, worin besteht seine Identität?[402]

Wie die medizinischen Bilder bei der Suche nach der Krankheit in ihrer Evidenzkraft im Vergleich mit der kreativen Imagination und Intuition des Genies scheitern, da auch sie nicht alles (und manchmal zu viel) sichtbar machen, so sind auch der Filmkamera selbst Grenzen gesetzt, diese Imagination des Detektivs wiederum vollständig darstellbar zu machen. Demzufolge scheint also zumindest die Imagination des genialen Individuums in der Figur des Detektivs so ein symbolischer Rückzugspunkt für die Identität des Menschen zu sein, der nicht von irgendeiner Kamera, Apparatur oder Technologie durchleuchtet, sichtbar gemacht, dargestellt werden kann.

Letztlich ist der Detektiv also auch ein erfahrener, wegweisender Navigator in den Bilder-, Informations- und Datenfluten, auf die die Menschen nicht nur in der Medizin zu treffen scheinen, was bei *Sherlock* sehr deutlich wird. Sherlock trennt präzise zwischen Botschaft und Rauschen, zwischen relevanten und irrelevanten Daten, er macht aber auch aus der bedrohenden Datenflut einen nützlichen Informationsfluss. In einer ‚Post-Moderne', in der Technologie und Mensch untrennbar miteinander

---
[401] Michael Quante, „Macht und Ohnmacht der Menschenbilder: Medizin zwischen Medien und Moral," in: *Frankensteins Kinder. Film und Medizin*. Hg. Jutta Phillips-Krug und Cecilia Hausheer (Zürich: Cantz, 1997), S. 151.
[402] Jutta Phillips-Krug, „Einführung," ebd., S. 10.

verwoben sind, in der zum Beispiel das Internet zu einer unendlich großen, externen Speichererweiterung des menschlichen Gedächtnisses wird, kann es gar nicht mehr darum gehen, Technologie als Gefahr wahrzunehmen und unter menschliche Kontrolle zu bringen. Vielmehr geht es um eine möglichst effektive Nutzung oder ‚Zusammenarbeit' zwischen Mensch und Technik, was die Inszenierung der Imagination auch auf der filmischen Darstellungsebene nahelegt.

Abschließend wäre noch zu bemerken, dass bezüglich der Visualisierung der Imagination der Detektivs auf einer theoretischen Ebene eine weitere Beschäftigung mit den Berührungspunkten der Werke von Deleuze und Rancière durchaus lohnenswert sein könnte, vor allem mit dem Verweis auf Lev Manovich und dem Gegensatz Narrativ/Datenbank. Auf der Ebene der Analyse könnten zum Beispiel die neueren *Sherlock Holmes*-Kinofilme[403] von Guy Ritchie eine interessante Vergleichsfolie zu den hier behandelten Fernsehserien bieten – der zweite Teil scheint zumindest mit seinem Titel zu implizieren, dass es darin auch aufschlussreiche Einsichten in das Kino als ein Spiel aus Licht und Schatten geben könnte: *A Game of Shadows*.

---

[403] *Sherlock Holmes* (Regie: Guy Ritchie. USA, 2009) und *Sherlock Holmes: A Game of Shadows* (Regie: Guy Ritchie. USA, 2011)

5. Bibliographie

Assmann, Aleida. „Schrift als Medium und Metapher des Gedächtnisses." In: *Metamorphosen. Gedächtnismedien im Computerzeitalter*. Götz-Lothar Darsow (Hg.), S. 69 - 80. Stuttgart-Bad Cannstadt: frommann-holzboog, 2000.

Bauer, Matthias, und Christoph Ernst: *Diagrammatik. Einführung in ein kultur- und medienwissenschaftliches Forschungsfeld*. Bielefeld: transcript, 2010.

Benjamin, Walter. „Das Kunstwerk im Zeitalter seiner technischen Reproduzierbarkeit." In: *Kursbuch Medienkultur. Die maßgeblichen Theorien von Brecht bis Baudrillard*. Claus Pias, Joseph Vogl, Lorenz Engell, Oliver Fahle und Britta Neitzel (Hg.), S. 18 - 33. Stuttgart: DVA, 1999.

Beuthan, Ralf: *Das Undarstellbare: Film und Philosophie. Metaphysik und Moderne*. Würzburg: Königshausen & Neumann, 2006.

Bhabha, Homi K.: *The Location of Culture*. London: Routledge, 1994.

Boehm, Gottfried. „Zwischen Auge und Hand: Bilder als Instrumente der Erkenntnis." In: *Konstruktionen Sichtbarkeiten*. Jörg Huber und Martin Heller (Hg.), S. 215 - 227. Wien: Springer, 1999.

Böhn, Andreas. „Intra- und intermediale Formzitate als Medienreflexion." In: *Formzitat und Intermedialität*. Andreas Böhn (Hg.), Mannheimer Studien zur Literatur- und Kulturwissenschaft, S. 13 - 44. St. Ingbert: Röhrig, 2003.

Bonfantini, Massimo A. „Die Abduktion in Geschichte und Gesellschaft." In: *Die Welt als Zeichen und Hypothese. Perspektiven des semiotischen Pragmatismus von Charles Sanders Peirce*. Uwe Wirth (Hg.), S. 235 - 247. Frankfurt am Main: Suhrkamp, 2000.

Bordwell, David, und Kristin Thompson: *Film Art: An Introduction*. 8. ed. New York: McGraw-Hill, 2008.

Branigan, Edward: *Point of View in the Cinema: A Theory of Narration and Subjectivity in Classical Film*. Berlin, New York, Amsterdam: Mouton, 1984.

Brütsch, Matthias: *Traumbühne Kino. Der Traum als filmtheoretische Metapher und narratives Motiv*. Marburg: Schüren, 2011.

Buschhaus, Markus. „'Bilderflut' - 'Bilderrausch' - 'Bildermedizin': Anmerkungen zum medizinischen Bildhaushalt." In: *Bild und Gestalt: Wie formen Medienpraktiken das Wissen in Medizin und Humanwissenschaften?* Frank Stahnisch und Heijko Bauer (Hg.), S. 57 - 74. Hamburg: LIT Verlag, 2007.

Cartwright, Lisa: *Screening the Body. Tracing Medicine's Visual Culture.* Minneapolis: University of Minnesota Press, 1995.

Creeber, Glen. „Online-Serien. Intime Begegnung der dritten Art." In: *Serielle Formen. Von den frühen Film-Serials zu aktuellen Quality-TV- und Online-Serien.* Robert Blanchet, Kristina Köhler, Tereza Smid und Julia Zutavern (Hg.), S. 377 - 396. Marburg: Schüren, 2011.

Damasio, Antonio R.: *Ich fühle, also bin ich. Die Entschlüsselung des Bewusstseins.* München: List, 2000.

Davis, Oliver: *Jacques Rancière.* Cambridge: Polity Press, 2010.

Deleuze, Gilles: *Das Zeit-Bild. Kino 2.* Frankfurt am Main: Suhrkamp, 1991.

Douwe, Draaisma. „Gehirn und Gedächtnis." In: *Gehirn und Denken. Kosmos im Kopf.* Deutsches Hygiene-Museum (Hg.), S. 178 - 189. Ostfildern: Hatje Cantz, 2000.

Doyle, Sir Arthur Conan. „A Scandal in Bohemia." In: *The Complete Sherlock Holmes*, S. 161 - 175. Garden City, New York: Doubleday, 1960.

Doyle, Sir Arthur Conan. „The Sign of Four." In: *The Complete Sherlock Holmes*, S. 89 - 158. Garden City, New York: Doubleday, 1960.

Doyle, Sir Arthur Conan. „A Study in Scarlet." In: *The Complete Sherlock Holmes*, S. 13 - 86. Garden City, New York: Doubleday, 1960.

Dusi, Nicola. „Remaking als Praxis. Zu einigen Problemen der Transmedialität." In: *Serielle Formen. Von den frühen Film-Serials zu aktuellen Quality-TV- und Online-Serien.* Robert Blanchet, Kristina Köhler, Tereza Smid und Julia Zutavern (Hg.), S. 357 - 376. Marburg: Schüren, 2011.

Eco, Umberto. „Die Abduktion in Uqbar." In: *Jorge Luis Borges. Adolfo Bioy Casares. Gemeinsame Werke. Band 1.* Gisbert Haefs (Hg.), S. 271 - 286. München und Wien: Carl Hanser, 1983.

Eco, Umberto: *Über Spiegel.* München und Wien: Carl Hanser, 1988.

Engell, Lorenz. „Tasten, Wählen, Denken. Genese und Funktion einer philosophischen Apparatur." In: *Medienphilosophie. Beiträge zur Klärung eines Begriffs.* Stefan Münker, Alexander Roesler und Mike Sandbothe (Hg.), S. 53 - 77. Frankfurt am Main: Fischer, 2003.

Fahle, Oliver. „Die Gegenwart der Film-Philosophie in Frankreich." In: *Philosophie des Films.* Birgit Leitner und Lorenz Engell (Hg.), S. 54 - 71. Weimar: Verlag der Bauhaus-Universität, 2007.

Feulner, Markus: *Psycho Movie. Zur Konstruktion psychischer Störung im Spielfilm.* Bielefeld: transcript, 2006.

Fohrmann, Jürgen. „Der Unterschied der Medien." In: *Die Kommunikation der Medien.* Jürgen Fohrmann und Erhard Schüttpelz (Hg.), S. 5 - 19. Tübingen: De Gruyter, 2004.

Foucault, Michel. „Botschaft oder Rauschen?" In: *Botschaften der Macht. Der Foucault-Reader. Diskurs und Medien.* Jan Engelmann (Hg.), S. 140 - 144. Stuttgart: DVA, 1999.

Freeland, Cynthia A., und Thomas E. Wartenberg. „Introduction." In: *Philosophy and Film.* Cynthia A. Freeland und Thomas E. Wartenberg (Hg.), S. 1 - 12. New York & London: Routledge, 1995.

Früchtl, Josef: „Auf ein Neues: Ästhetik und Politik. Und dazwischen das Spiel. Angestoßen durch Jacques Rancière." *Deutsche Zeitschrift für Philosophie* 55, Nr. 2 (2007): S. 209 - 219.

Ganz-Blättler, Ursula. „'Sometimes against all odds, against all logic, we touch.' Kumulatives Erzählen und Handlungsbögen als Mittel der Zuschauerbindung in *Lost* und *Grey's Anatomy*." In: *Serielle Formen. Von den frühen Film-Serials zu aktuellen Quality-TV- und Online-Serien.* Robert Blanchet, Kristina Köhler, Tereza Smid und Julia Zutavern (Hg.), S. 73 - 91. Marburg: Schüren, 2011.

Gatzen, Markus. „Bilderflut." In: *Frankensteins Kinder. Film und Medizin.* Jutta Phillips-Krug und Cecilia Hausheer (Hg.), S. 103 - 107. Zürich: Cantz, 1997.

Ginzburg, Carlo: *Spurensicherungen. Über verborgene Geschichte, Kunst und soziales Gedächtnis.* Berlin: Klaus Wagenbach, 1983.

Grampp, Sven, und Kay Kirchmann. „'Meine Herrschaften, es geht das Gerücht um, dass ich ein Feind des Röntgenbildes bin.' - Der Arzt als Zeichenleser, Medienkritiker und Sinnstifter in populären Mediendiskursen." In: *Bild und Gestalt: Wie formen Medienpraktiken das Wissen in Medizin und Humanwissenschaften?* Frank Stahnisch und Heijko Bauer (Hg.), S. 181 - 198. Hamburg: LIT Verlag, 2007.

Gunning, Tom. „Embarrassing Evidence: The Detective Camera and the Documentary Impulse." In: *Collecting Visible Evidence.* Jane M. Gaines und Michael Renov (Hg.), S. 46 - 64. Minneapolis: University of Minnesota Press, 1999.

Gunning, Tom: „The Exterior as *Intérieur*: Benjamin's Optical Detective." *Boundary 2. An International Journal of Literature and Culture* 30, Nr. 1 (2003): S. 105-129.

Gunning, Tom: „Lynx-Eyed Detectives and Shadow Bandits: Visuality and Eclipse in French Detective Stories and Films before WWI." *Yale French Studies*, Nr. 108 (2005): S. 74 - 88.

Habermas, Tilmann. „Psychoanalyse als Erinnerungsforschung." In: *Gedächtnis und Erinnerung. Ein interdisziplinäres Handbuch*. Christian Gudehus, Ariane Eichenberg und Harald Welzer (Hg.), S. 64 - 74. Stuttgart und Weimar: Metzler, 2010.

Harrowitz, Nancy. „The Body of the Detective Model: Charles S. Peirce and Edgar Allan Poe." In: *The Sign of Three. Dupin, Holmes, Peirce*. Umberto Eco und Thomas A. Sebeok (Hg.), S. 179 - 197. Bloomington: Indiana University Press, 1983.

Hickethier, Knut: *Die Fernsehserie und das Serielle des Fernsehens*. Kultur Medien Kommunikation. Lüneburger Beiträge zur Kulturwissenschaft 2. Lüneburg: Universität Lüneburg, 1991.

Hickethier, Knut. „Dispositiv Kino und Dispositiv Fernsehen." In: *Film im Zeitalter Neuer Medien I. Fernsehen und Video*. Harro Segeberg (Hg.), S. 23 - 42. München: Wilhelm Fink, 2011.

Highmore, Ben. „Out of Place: Unprofessional Painting, Jacques Rancière and the Distribution of the Sensible." In: *Reading Ranciére*. Paul Bowman und Richard Stamp (Hg.), S. 95 - 110. London: Continuum, 2011.

Hüppauf, Bernd, und Christoph Wulf. „Introduction: The Indispensability of the Imagination." In: *Dynamics and Performativity of Imagination. The Image between the Visible and the Invisible*. Bernd Hüppauf und Christoph Wulf (Hg.), S. 1 - 18. New York: Routledge, 2009.

Hüppauf, Bernd, und Christoph Wulf. „Einleitung: Warum Bilder die Einbildungskraft brauchen." In: *Bild und Einbildungskraft*. Bernd Hüppauf und Christoph Wulf (Hg.), S. 9 - 44. München: Wilhelm Fink, 2006.

Irwin, John T. „Mysteries We Reread, Mysteries of Rereading: Poe, Borges, and the Analytical Detective Story." In: *Detecting Texts. The Metaphysical Detective Story from Poe to Postmodernism*. Patricia Merivale und Susan Elizabeth

Sweeney (Hg.), S. 27 - 54. Philadelphia, Pennsylvania: University of Pennsylvania Press, 1999.

Jahraus, Oliver. „Bewusstsein: wie im Film! Zur Medialität von Film und Bewusstsein." In: *Wie im Film. Zur Analyse populärer Medienereignisse.* Bernd Scheffer und Oliver Jahraus (Hg.), S. 77 - 99. Bielefeld: Aisthesis, 2004.

Junklewitz, Christian, und Tanja Weber. „Die Cineserie. Geschichte und Erfolg von Filmserien im postklassischen Kino." In: *Serielle Formen. Von den frühen Film-Serials zu aktuellen Quality-TV- und Online-Serien.* Robert Blanchet, Kristina Köhler, Tereza Smid und Julia Zutavern (Hg.), S. 337 - 356. Marburg: Schüren, 2011.

Kappelhoff, Hermann. „'Ein Denken, das unmittelbar Gefühl, und ein Fühlen, dass...'. Utopie Film: R. W. Fassbinder und die Frage nach einer 'Politik der Form'." In: *Das Streit-Bild. Film, Geschichte und Politik bei Jacques Rancière.* Drehli Robnik, Thomas Hübel und Siegfried Mattl (Hg.), S. 161 - 176. Wien: Turia + Kant, 2010.

Kirchmann, Kay. „Einmal über das Fernsehen hinaus und wieder zurück. Neuere Tendenzen in US-amerikanischen TV-Serien." In: *'Previously on...'. Zur Ästhetik der Zeitlichkeit neuerer TV-Serien.* Arno Meteling, Isabell Otto und Gabriele Schabacher (Hg.), S. 61 - 72. München: Wilhelm Fink, 2010.

Kirchmann, Kay: „The Private and the Public Eye. Der Detektiv, der Film und der Blick der Moderne." *Blimp Film Magazine*, Nr. 44 (2001): S. 171 - 201.

Kirchmann, Kay: „Zwischen Selbstreflexivität und Selbstreferentialität. Überlegungen zur Ästhetik des Selbstbezüglichen als filmischer Modernität." *Film und Kritik*, Nr. 2 (1994): S. 23 - 37.

Kracauer, Siegfried: *Der Detektiv-Roman. Ein philosophischer Traktat.* Frankfurt am Main: Suhrkamp, 1979.

Kracauer, Siegfried: *Theorie des Films. Die Errettung der äußeren Wirklichkeit.* Frankfurt am Main: Suhrkamp, 1973.

Krämer, Sybille. „Das Medium als Spur und als Apparat." In: *Medien, Computer, Realität. Wirklichkeitsvorstellungen und Neue Medien.* Sybille Krämer (Hg.), S. 73 - 94. Frankfurt am Main: Suhrkamp, 1998.

Krämer, Sybille. „Erfüllen Medien eine Konstitutionsleistung? Thesen über die Rolle medientheoretischer Erwägungen beim Philosophieren." In: *Medienphilosophie. Beiträge zur Klärung eines Begriffs.* Stefan Münker,

Alexander Roesler und Mike Sandbothe (Hg.), S. 78 - 90. Frankfurt am Main: Fischer, 2003.

Krämer, Sybille. „Was haben die Medien, der Computer und die Realität miteinander zu tun? Zur Einleitung in diesem Band." In: *Medien, Computer, Realität. Wirklichkeitsvorstellungen und Neue Medien*. Sybille Krämer (Hg.), S. 9 - 26. Frankfurt am Main: Suhrkamp, 1998.

Krumme, Peter: *Augenblicke. Erzählungen Edgar Allen Poes*. Stuttgart: Metzler, 1978.

Lie, Sulgi. „Dissensuelle Montage. Zur Politik der filmischen Montage bei Jacques Rancière." In: *Das Streit-Bild. Film, Geschichte und Politik bei Jacques Rancière*. Drehli Robnik, Thomas Hübel und Siegfried Mattl (Hg.), S. 79 - 92. Wien: Turia + Kant, 2010.

Lippit, Akira Mizuta. „Phenomenologies of the Surface: Radiation-Body-Image." In: *Collecting Visible Evidence*. Jane M. Gaines und Michael Renov (Hg.), S. 65 - 83. Minneapolis: University of Minnesota Press, 1999.

Manovich, Lev: *The Language of New Media*. Cambridge, Massachusetts: MIT Press, 2001.

McGinn, Colin: *Das geistige Auge. Von der Macht der Vorstellungskraft*. Darmstadt: Primus, 2007.

McNamara, Andrew, und Toni Ross: „On Medium Specificity and Discipline Crossovers in Modern Art. Jacques Rancière Interviewed by Andrew McNamara and Toni Ross." *Australian and New Zealand Journal of Art* 8, Nr. 1 (2007): S. 99 - 107.

McQuillan, Martin. „Paul de Man and Art History I: Modernity, Aesthetics and Community in Jacques Rancière." In: *Reading Ranciére*. Paul Bowman und Richard Stamp (Hg.), S. 163 - 184. London: Continuum, 2011.

Michelson, Annette: „Bodies in Space. Film as 'Carnal Knowledge'." *Artforum* VII, Nr. 6 (1969): S. 54 - 63.

Münsterberg, Hugo: *The Photoplay. A Psychological Study*. New York: Arno Press, 1970.

Ott, Michaela. „Filmphilosophie: Vom ontologischen zum digitalen Virtuellen." In: *Philosophie des Films*. Birgit Leitner und Lorenz Engell (Hg.), S. 156 - 178. Weimar: Verlag der Bauhaus-Universität, 2007.

Otto, Isabell. „Countdown der Krankheit. *House M.D.* und die Blicke in den Körper." In: *'Previously on...'. Zur Ästhetik der Zeitlichkeit neuerer TV-Serien*. Arno Meteling, Isabell Otto und Gabriele Schabacher (Hg.), S. 243 - 258. München: Wilhelm Fink, 2010.

Parr, Rolf: „'Wiederholen'. Ein Strukturelement von Film, Fernsehen und neuen Medien." *KultuRRevolution*, Nr. 47 (2004): S. 33 - 39.

Peirce, Charles Sanders. „Deduktion, Induktion und Hypothese." In: *Charles S. Peirce. Schriften zum Pragmatismus und Pragmatizismus*. Karl-Otto Apel (Hg.), S. 229 - 252. Frankfurt am Main: Suhrkamp, 1991.

Phillips-Krug, Jutta. „Einführung." In: *Frankensteins Kinder. Film und Medizin*. Jutta Phillips-Krug und Cecilia Hausheer (Hg.), S. 9 - 15. Zürich: Cantz, 1997.

Quante, Michael. „Macht und Ohnmacht der Menschenbilder: Medizin zwischen Medien und Moral." In: *Frankensteins Kinder. Film und Medizin*. Jutta Phillips-Krug und Cecilia Hausheer (Hg.), S. 146 - 156. Zürich: Cantz, 1997.

Raguse, Hartmut. „Traumdeutung in der Tradition von Siegfried Freud." In: *Traumwelten. Der filmische Blick nach innen*. Leo Karrer und Charles Martig (Hg.), S. 31 - 43. Marburg: Schüren, 2003.

Rancière, Jacques: *The Aesthetic Unconscious*. Cambridge: Polity Press, 2009.

Rancière, Jacques: „Aesthetics against Incarnation: An Interview by Anne Marie Oliver." *Critical Inquiry* 35, Nr. 1 (2008): S. 172 - 190.

Rancière, Jacques. „Afterword / The Method of Equality: An Answer to Some Questions." In: *Jacques Ranciére. History, Politics, Aesthetics*. Gabriel Rockhill und Philip Watts (Hg.), S. 273 - 288. Durham und London: Duke University Press, 2009.

Rancière, Jacques: *Das Unbehagen in der Ästhetik*. Wien: Passagen Verlag, 2007.

Rancière, Jacques: *Der emanzipierte Zuschauer*. Wien: Passagen Verlag, 2009.

Rancière, Jacques. „Die Geschichtlichkeit des Films." In: *Das Streit-Bild. Film, Geschichte und Politik bei Jacques Rancière*. Drehli Robnik, Thomas Hübel und Siegfried Mattl (Hg.), S. 213 - 231. Wien: Turia + Kant, 2010.

Rancière, Jacques: *Film Fables*. Oxford: Berg, 2006.

Rancière, Jacques: *The Future of the Image*. London: Verso, 2009.

Rancière, Jacques: *The Politics of Aesthetics. The Distribution of the Sensible*. London: Continuum, 2004.

Reck, Hans Ulrich. „Der Streit der Kunstgattungen im Kontext der Entwicklung neuer Medientechnologien." In: *Interface 1*. Klaus Peter Dencker (Hg.), S. 120 - 133. Hamburg: Hans-Bredow-Institut, 1992.

Robnik, Drehli. „Einleitung: Streit, Zeit, Bild. Zu Jacques Rancières Film-Schriften im Licht seiner Politiktheorie." In: *Das Streit-Bild. Film, Geschichte und Politik bei Jacques Rancière*. Drehli Robnik, Thomas Hübel und Siegfried Mattl (Hg.), S. 7 - 28. Wien: Turia + Kant, 2010.

Robnik, Drehli: *Film ohne Grund. Filmtheorie, Postpolitik und Dissens bei Jacques Rancière*. Wien: Turia + Kant, 2010.

Sachs-Hombach, Klaus. „Begriff und Funktion bildhafter Darstellungen." In: *Bild, Medien, Wissen. Visuelle Kompetenz im Medienzeitalter*. Hans Dieter Huber, Bettina Lockemann und Michael Scheibel (Hg.), S. 9 - 46. München: kopaed, 2002.

Schaub, Mirjam: *Gilles Deleuze im Kino. Das Sichtbare und das Sagbare*. München: Wilhelm Fink, 2006.

Schinzel, Britta. „Recognisability and Visual Evidence in Medical Imaging versus Scientific Objectivity." In: *Dynamics and Performativity of Imagination. The Image between the Visible and the Invisible*. Bernd Hüppauf und Christoph Wulf (Hg.), S. 339 - 356. New York: Routledge, 2009.

Schröter, Jens. „Das ur-intermediale Netzwerk und die (Neu-)Erfindung des Mediums im (digitalen) Modernismus. Ein Versuch." In: *Intermedialität Analog/Digital. Theorien - Methoden - Analysen*. Joachim Paech und Jens Schröter (Hg.), S. 579 - 601. München: Fink, 2008.

Schröter, Jens: „Intermedialität. Facetten und Probleme eines aktuellen medienwissenschaftlichen Begriffs." *montage/av* 7, Nr. 2 (1998): S. 129 - 154.

Schwarte, Ludger. „Intuition und Imagination - Wie wir sehen, was nicht existiert." In: *Bild und Einbildungskraft*. Bernd Hüppauf und Christoph Wulf (Hg.), S. 92 - 103. München: Wilhelm Fink, 2006.

Schwering, Gregor. „Unbewusstes." In: *Gedächtnis und Erinnerung. Ein interdisziplinäres Lexikon*. Nicolas Pethes und Jens Ruchatz (Hg.), S. 609 - 612. Reinbek bei Hamburg: Rowohlt, 2001.

Visarius, Karsten, Doron Kiesel, und Ernst Karpf: *Once upon a time... Film und Gedächtnis*. Marburg: Schüren, 1998.

„Vom Kopf her schlecht." GEO, Nr. 12 (2009): S. 166.

Weber, Thomas: *Medialität als Grenzerfahrung. Futurische Medien im Kino der 80er und 90er Jahre*. Bielefeld: transcript, 2008.

Wedel, Michael. „Film als Rhythmus der Gemeinschaft. Zu einer Denkfigur bei Rancière." In: *Das Streit-Bild. Film, Geschichte und Politik bei Jacques Rancière*. Drehli Robnik, Thomas Hübel und Siegfried Mattl (Hg.), S. 145 - 160. Wien: Turia + Kant, 2010.

Weibel, Peter. „Pleasure and the Panoptic Principle." In: *CTRL [Space]: Rhetorics of Surveillance from Bentham to Big Brother*. Thomas Levin, Ursula Frohne und Peter Weibel (Hg.), S. 206 - 223. Cambridge: MIT Press, 2002.

Wille, Franz. „Abduktive Erklärungsnetze. Überlegungen zu einer Semiotik des Theaters." In: *Die Welt als Zeichen und Hypothese. Perspektiven des semiotischen Pragmatismus von Charles Sanders Peirce*. Uwe Wirth (Hg.), S. 319 - 333. Frankfurt am Main: Suhrkamp, 2000.

Wiltse, Ed: „'So Constant an Expectation': Sherlock Holmes and Seriality." *Narrative* 6, Nr. 2 (1998): S. 105 - 122.

Wirth, Uwe. „Zwischen Zeichen und Hypothese: Für eine abduktive Wende in der Sprachphilosophie." In: *Die Welt als Zeichen und Hypothese. Perspektiven des semiotischen Pragmatismus von Charles Sanders Peirce*. Uwe Wirth (Hg.), S. 133 - 157. Frankfurt am Main: Suhrkamp, 2000.

Wolf, Mark J. P. „Subjunctive Documentary: Computer Imaging and Simulation." In: *Collecting Visible Evidence*. Jane M. Gaines und Michael Renov (Hg.), S. 274 - 291. Minneapolis: University of Minnesota Press, 1999.

Wulff, Hans J. „Intentionalität, Modalität, Subjektivität: Der Filmtraum." In: *Träumungen. Traumerzählung in Film und Literatur*. Bernard Dieterle (Hg.), S. 53 - 69. St. Augustin: Gardez!, 1998.

Erwähnte Filme und Fernsehserien:

House, M.D. (Fox Network. USA, 2004 - 2012)

Minority Report (Regie: Steven Spielberg. USA, 2002)

Sauerbruch – Das war mein Leben (Regie: Rolf Hansen. Deutschland, 1954)

Sherlock (BBC. UK, 2010-)

Sherlock Holmes (Regie: Guy Ritchie. USA, 2009)
Sherlock Holmes: A Game of Shadows (Regie: Guy Ritchie. USA, 2011)
The Matrix (Regie: Andy Wachowski, Larry Wachowski. USA, 1999)

Erwähnte Webseiten:

www.johnwatsonblog.co.uk

www.thescienceofdeduction.co.uk

FILM- UND MEDIENWISSENSCHAFT

Herausgegeben von Irmbert Schenk und Hans Jürgen Wulff

ISSN 1866-3397

1 *Oliver Schmidt*
 Leben in gestörten Welten
 Der filmische Raum in David Lynchs *Eraserhead, Blue Velvet, Lost Highway* und *Inland Empire*
 ISBN 978-3-89821-806-1

2 *Indra Runge*
 Zeit im Rückwärtsschritt
 Über das Stilmittel der chronologischen Inversion in *Memento, Irréversible* und *5 x 2*
 ISBN 978-3-89821-840-5

3 *Alina Singer*
 Wer bin ich? Personale Identität im Film
 Eine philosophische Betrachtung von *Face/Off, Memento* und *Fight Club*
 ISBN 978-3-89821-866-5

4 *Florian Scheibe*
 Die Filme von Jean Vigo
 Sphären des Spiels und des Spielerischen
 ISBN 978-3-89821-916-7

5 *Anna Praßler*
 Narration im neueren Hollywoodfilm
 Die Entwürfe des Körperlichen, Räumlichen und Zeitlichen in *Magnolia, 21 Grams* und *Solaris*
 ISBN 978-3-89821-943-3

6 *Evelyn Echle*
 Danse Macabre im Kino
 Die Figur des personifizierten Todes als filmische Allegorie
 ISBN 978-3-89821-939-6

7 *Miriam Grossmann*
 Soziale Figurationen und Selbstentwürfe
 Schauspieler und Figureninszenierung in Eric Rohmers *Pauline am Strand, Vollmondnächte* und *Das grüne Leuchten*
 ISBN 978-3-89821-944-0

8 *Peter Klimczak*
 40 Jahre ‚Planet der Affen'
 Zeitgeist- und Reihenkompatibilität – über Erfolg und Misserfolg von Adaptionen
 ISBN 978-3-89821-977-8

9 *Ingo Lehmann*
 Ziellose Bewegungen und mediale Selbstauflösung
 Das absurde «Genrefilm-Theater» Monte Hellmans
 ISBN 978-3-89821-917-4

10 *Gerd Naumann*
    Der Filmkomponist Peter Thomas
    Von Edgar Wallace und Jerry Cotton zur Raumpatrouille Orion
    ISBN 978-3-8382-0003-3

11 *Anja-Magali Bitter*
    Die Inszenierung des Realen
    Entwicklung und Perzeption des neueren französischen Dokumentarfilms
    ISBN 978-3-8382-0066-8

12 *Martin Hennig*
    Warum die Welt Superman nicht braucht
    Die Konzeption des Superhelden und ihre Funktion für den Gesellschaftsentwurf in US-amerikanischen Filmproduktionen
    ISBN 978-3-8382-0046-0

13 *Esther Lulaj*
    Nimm (nicht) ab!
    Zur Funktion des Telefons im Spielfilm – Von Metropolis bis Matrix
    ISBN 978-3-8382-0125-2

14 *Boris Rozanski*
    Das ungleiche Liebespaar in der 'Screwball Comedy'
    Paarbildung und Selbstfindung von Frank Capras *It Happened One Night* bis zu Jonathan Demmes *Something Wild*
    ISBN 978-3-8382-0145-0

15 *Carolin Lano*
    Die Inszenierung des Verdachts
    Überlegungen zu den Funktionen von TV-mockumentaries
    ISBN 978-3-8382-0214-3

16 *Christine Piepiorka*
    LOST in Narration
    Narrativ komplexe Serienformate in einem transmedialen Umfeld
    ISBN 978-3-8382-0181-8

17 *Daniela Olek*
    LOST und die Zukunft des Fernsehens
    Die Veränderung des seriellen Erzählens im Zeitalter von *Media Convergence*
    ISBN 978-3-8382-0174-0

18 *Eleonóra Szemerey*
    Die Botschaft der grauen Wand
    Über die Vermittlung von Hoffnung und Hoffnungslosigkeit in Aki Kaurismäkis Verlierer-Filmen
    ISBN 978-3-8382-0222-8

19 *Florian Plumeyer*
    Sadismus und Ästhetisierung
    Folter als kultureller und filmischer Exzess im Gegenwartskino
    ISBN 978-3-8382-0188-7

20 *Jonas Wegerer*
    Der nahe Fremde: Der amerikanische Western in den Kinos der Bundesrepublik Deutschland (1948-1960)
    Eine rezeptionshistorische Analyse
    ISBN 978-3-8382-0307-2

21 *Peter Podrez*
   Der Sinn im Untergang
   Filmische Apokalypsen als Krisentexte im atomaren und ökologischen Diskurs
   ISBN 978-3-8382-0254-9

22 *Yvonne Augustin*
   Episodisches Erzählen im Film
   Alejandro González Iñárritus Filmtrilogie AMORES PERROS, 21 GRAMS und BABEL
   ISBN 978-3-8382-0335-5

23 *Julia Steimle*
   Fiktive Realität – reale Fiktion
   Realitätsebenen und ihre Integration im Hollywood-Backstage-Musical, untersucht anhand von THE BROADWAY MELODY, GOLD DIGGERS OF 1933, THE BAND WAGON, ALL THAT JAZZ und MOULIN ROUGE!
   ISBN 978-3-8382-0319-5

24 *Jana Heberlein*
   Die Neue Berliner Schule
   Zwischen Verflachung und Tiefe: Ein ästhetisches Spannungsfeld in den Filmen von Angela Schanelec
   ISBN 978-3-8382-0407-9

25 *Karoline Stiefel*
   Geistesblitze und Genialität – Bilder aus dem Gehirn des Detektivs
   Die Visualisierung von Imagination in den TV-Serien SHERLOCK und HOUSE, M.D.
   ISBN 978-3-8382-0522-9

Sie haben die Wahl:

Bestellen Sie die Schriftenreihe
Film- und Medienwissenschaft
einzeln oder im **Abonnement**

per E-Mail: vertrieb@ibidem-verlag.de | per Fax (0511/262 2201)
als Brief (*ibidem*-Verlag | Leuschnerstr. 40 | 30457 Hannover)

Bestellformular

☐ Ich abonniere die Schriftenreihe *Film- und Medienwissenschaft* ab Band # _____

☐ Ich bestelle die folgenden Bände der Schriftenreihe *Film- und Medienwissenschaft*
____ ; ____ ; ____ ; ____ ; ____ ; ____ ; ____ ; ____ ; ____

Lieferanschrift:

Vorname, Name ....

Anschrift ....

E-Mail.. | Tel.:..................................

Datum .... | Unterschrift ....

Ihre Abonnement-Vorteile im Überblick:
- Sie erhalten jedes Buch der Schriftenreihe pünktlich zum Erscheinungstermin – immer aktuell, ohne weitere Bestellung durch Sie.
- Das Abonnement ist jederzeit kündbar.
- Die Lieferung ist innerhalb Deutschlands versandkostenfrei.
- Bei Nichtgefallen können Sie jedes Buch innerhalb von 14 Tagen an uns zurücksenden.

***ibidem*-**Verlag

Melchiorstr. 15

D-70439 Stuttgart

info@ibidem-verlag.de

www.ibidem-verlag.de
www.ibidem.eu
www.edition-noema.de
www.autorenbetreuung.de

www.ingramcontent.com/pod-product-compliance
Lightning Source LLC
Chambersburg PA
CBHW070738230426
43669CB00014B/2498